多元文化与当代英语教学研究

侯佳凤　张志国◎著

吉林出版集团股份有限公司

图书在版编目（CIP）数据

多元文化与当代英语教学研究 / 侯佳凤, 张志国著
. -- 长春 : 吉林出版集团股份有限公司, 2023.6
ISBN 978-7-5731-3640-4

Ⅰ.①多… Ⅱ.①侯…②张… Ⅲ.①英语－教学研究 Ⅳ.①H319.3

中国国家版本馆CIP数据核字（2023）第141582号

多元文化与当代英语教学研究

DUOYUAN WENHUA YU DANGDAI YINGYU JIAOXUE YANJIU

著　　者　侯佳凤　张志国
出 版 人　吴　强
责任编辑　刘东禹
开　　本　710 mm × 1000 mm　1/16
印　　张　8.75
字　　数　140千字
版　　次　2023年6月第1版
印　　次　2023年9月第1次印刷

出　　版　吉林出版集团股份有限公司
发　　行　吉林音像出版社有限责任公司
（吉林省长春市南关区福祉大路5788号）
电　　话　0431-81629679
印　　刷　吉林省信诚印刷有限公司

ISBN 978-7-5731-3640-4　　定　价　48.00元

前　言

当今时代，我们无论做什么事都需要审视一下我们所处社会的发展大趋势。今天的时代被称为全球化时代，全球化总是使我们联想到“文化多元化”“跨文化交流”和“多样性共存”等词汇。这一时代的特征势必要求以思想和文化交流为目的的英语教学并与时俱进。我国传统英语教学的困境在于将语法、词汇、修辞等语言本身的特征作为教学主线贯穿教学的全过程，而忽略了语言最基本的功能——交流。不同母语背景的人与人之间的交流不仅仅是语言的交流，更是文化的交流，而文化多元化常常是彼此交流的障碍。中国人去国外，一开始不仅有语言交流上的困难，还有因文化差异带来的交流困难；在国外时间长了，虽然语言障碍慢慢消除了，但在交流上仍然长时间有不适应的感觉。这就是文化的陌生与冲突，在严重不适应的情况下被人们称为“文化休克”。

全球化和多元文化时代的到来使世界各国交流日益频繁，很多人处在跨文化交际的语境中，不同国家的人以不同的方式和渠道借助语言进行交流，不同国家的文化在交流中互相碰撞、互相冲突、互相融合。如何在跨文化语境中进行有效的交流已成为近年来外语学界关注的一个重要课题。对于外语学习者而言，他们在习得一种语言时也是在习得一种文化。语言是一条彼此沟通的道路，文化是道路上的车辆和行人。没有道路不能沟通，如果仅仅有道路而没有车辆和行人则同样没有沟通。只有道路上车水马龙热闹起来，交流才能成为现实。所以我们不仅要筑路，还要让各种车辆和行人在路上跑起来；不仅要传播交流的语言，还要让世界多元文化的“车水马龙”奔腾起来。

为此，笔者斗胆泼墨挥毫，挑战自我，从语言发展的历时性和共时性角度，结合文化多样性的特点及语言丰富性的特征，阐述多元文化背景下英语教学的相关问题，进一步扩大相互交流的范畴。由于笔者水平不及，不足之处难免，敬望读者批评指正。

目　录

第一章　英语教学与多元文化

第一节　英语教学现状

随着国际发展一体化趋势的不断加强，英语作为国际通用官方语言之一，重要性也在不断提升，在这样的发展趋势中，英语教学也受到了全社会的普遍关注。但目前，我国英语教学仍然存在着一些问题，只有解决了这些问题，英语教学的提高才能实现。

近些年，素质教育不断发展，这些都为英语教学创造了良好的发展环境和新的发展空间。在这样的背景下，我国的英语教学也取得了一定成绩，英语人才的数量在不断增加，可以说，21 世纪是我国英语教学飞速发展的时期，英语教学已经从小学开始普及，而在中学、高中以及大学的教学中，英语教学都受到了足够的重视。在看到这么多成绩的同时，我们也注意到，英语教学现状仍然不容乐观，存在着发展带来的一定问题，而正确认识这些问题，找到问题的科学解决方式，对于英语教学的发展具有深远意义。

就目前英语教学中遇到的问题来说，可以分为以下三类：（1）教学师资问题；（2）教学内容和形式问题；（3）教学观念问题。除以上三类问题外，还存在其他问题，这些都需要在未来的英语教学中解决。

第二节　多元文化

语言是社会成员约定俗成的交往工具，掌握英语包括掌握语言和文化两个方面。由于各民族发展有着自身的特点，因而产生了根深蒂固的，具有民族特色的文化。英语教学的最终目的是使学习者掌握目的语，并用之进行交流。成功的交流除了依靠良好的语言结构、知识外，还依靠有关的文化知识，也就是说，学习英语的同时必须学习与目的语有关的文化。随着交际理论的研究发展及其在英语教学中的应用，越来越多的教师认识到文化在语言学习中的重要作用。

一、文化的概念

据专家考证，“文化”是中国语言系统中古已有之的词汇。“文”的本义是指各色交错的纹理。《易经·系辞下》载：“物相杂，故曰文。”《礼记·乐记》称：“五色成文而不乱。”《说文解字》称：“文，错画也，象交文。”均指此义。在此基础上，“文”又有若干引申义。其一，包括语言文字内的各种象征符号，进而具体化为文物典籍、礼乐制度。《论语·子罕第九》所载孔子说“文王既没，文不在兹乎”是其实例。其二，由伦理之说导出彩画、装饰、人为修养之义，与“质”“实”对称。所以，《左传》曰“经纬天地曰：文”，《论语·雍也》称“质胜文则野，文胜质则史，文质彬彬，然后君子”。其三，在前两层意义上，更导出美、善、德行之义，这便是《礼记·乐记》所谓“礼减而进，以进为文”，郑玄注“文，犹美也，善也”，《尚书·大禹谟》所谓“文命敷于四海，祗承于帝”。

“化”的本义为改易、生成、造化。如《庄子·逍遥游》“化而为鸟，其名为鹏”，《易经·系辞下》“男女构精，万物化生”，《黄帝内经·素问》“化不可代，时不可违”，《礼记·中庸》“可以赞天地之化育”，等等。归纳以上诸说，“化”是指事物形态或性质的改变，同时“化”又引申为教行迁善之义。“文”与“化”并列使用较早见于战国末年儒生编辑的《易·贲卦·象传》：“刚柔交错，天文也。文明以止，人文也。观乎天文，以察时变。观乎人文，以化成天下。”这段话里的“文”即从纹理之义演化而来。日月往来交错文饰于天，即“天文”，亦即天道自然规律。同样，“人文”是指人伦社会规律，即社会生活中人与人之间纵横交织的关系，如君臣、父子、夫妇、兄弟、朋友，构成复杂网络，具有纹理表象。这段话是说，治国者须观察天文，以明了时序之变化，又须观察人文，使天下之人均能遵从文明礼仪，行为止其所当止。在这里，“人文”与“化成天下”紧密联系，“以文教化”的思想已十分明确。

西汉以后，“文”与“化”方合成一个整词，如“圣人之治天下也，先文德而后武力。凡武之兴，为不服也。文化不改，然后加诛”（《说苑·指武》），“文化内辑，武功外悠”（《由仪》）。这里的“文化”或与天造地设的自然对举，或与无教化的“质朴”“野蛮”对举。因此，在汉语系统中，“文化”的本义就是“以文教化”，它表示对人性情的陶冶、品德的教养，本属精神领域的范畴。随着时间的流变和空间的差异，现在“文化”已成为一个内涵丰富、外延宽广的多维概念，使用的范围也很广，成为众多学科探究、阐发、争鸣的对象，给它下一个严格且精确的定义是一件非常困难的事情。不少哲学家、社会学家、人类学家、历史学家和语言学家一直在努力，试图从各自学科的角度界定“文化”的概念。

然而，迄今为止，仍没有一个公认的、令人满意的定义。“文化”的定义很多，1963年出版的《文化——关于概念和定义的评论》一书统计，有关“文化”的各种定义至少有100多种，可见人们对于“文化”一词的理解存在着差异。例如，英语中的“文化”（Culture）一词就是难以解释的，它在欧洲几种语言中经历了比较复杂的演变，属于英语中最复杂的词之一。涵盖面最广、最精确的定义应该数《原始文化》中提出的：“所谓文化和文明乃是包括知识、信仰、艺术、道德、法律、习俗以及包括作为社会成员的个人而获得的其他任何能力、习惯在内的一种综合体。”对于这个定义，胡文仲做了进一步的解释：文化是人们通过长时间的努力创造出来的，是社会的遗产。文化既包括信念、价值观念、习俗、知识等，也包括实物和器具；文化是人们行动的指南，为人们提供解决问题的答案；文化并非生而知之，而是后天学会的价值观念，是文化的核心，可以根据不同的价值观念区分不同的文化。它的文化具有鲜明的民族性、独特性，是民族差异的标志。各个民族由于地域、生态环境、社会政治经济制度、历史背景、风俗习惯、价值观念、行为模式等不同，文化也具有各自的特点。

笼统地说，文化既是一种社会现象，是人们长期创造形成的产物，又是一种历史现象，是社会历史的积淀物。确切地说，文化是指一个国家或民族的历史、地理、风土人情、传统习俗、生活方式、文学艺术、行为规范、思维方式、价值观念等。这些定义有的宽泛、有的狭窄，但大体上趋向两种：

一方面指人类物质和精神财富的综合，另一方面特指文学、艺术、科学等。人们一般将“文化”的概念分为广义和狭义两类。

（一）广义的文化

广义的文化指的是人类在社会历史发展过程中创造的物质和精神财富的总和，特指社会意识形态。它包括物质文化、制度文化和心理文化三个方面。物质文化是指人类创造的种种物质文明，是可见的显性文化，如生产和交通工具、服饰、日用器具等。制度文化和心理文化属于不可见的隐性文化。物质文化是指种种制度和理论体系，制度文化和心理文化则是指思维方式、宗教信仰、审美情趣、价值观念等。在阶级社会中，文化是阶级斗争的武器。广义的文化着眼人类与一般动物，着眼人类社会与自然界的本质区别，着眼人类卓立于自然的独特生存方式，其涵盖面非常广泛，所以又被称为“大文化”。

文化是一种生命现象。文化本不属于人类独有，我们应该以更开放和更宽容的态度解读文化。文化是生命衍生的具有人文意味或生命意味的现象，是与生俱来的。许多生命的言语或行为都有着先天的文化属性，也许我们为了以示高贵从来只愿称其为“本能”。

（二）狭义的文化

狭义的文化排除人类社会历史生活中关于物质创造活动及其结果的部分，专注精神创造活动及其结果，指的是人们的社会风俗习惯、生活方式、相互关系等，主要是心态文化，又称“小文化”。

1871 年，英国文化学家爱德华·泰勒在《原始文化》一书中提出了狭义文化的早期经典学说，即文化是包括知识、信仰、艺术、道德、法律、习俗和任何人作为一名社会成员而获得的能力和习惯在内的复杂整体。从理论上说，人的一切发展变化都是文化。

文化是历史的，是人类历史发展到一定时期的产物，是为人类所独有的，是随着人的形成而发生的。历史中有了人的形成后的历史就是文化，文化的人也是历史的人。从事生产劳动是人成为人的标志，文化开始于人们从事生产劳动的时期，人在未成为人之前的历史是人的历史，而不是文化的历史，原始社会人成为人之后才有了文化的发生。民族是文化的标志，每个民族都是一个独特的文化符号。独特的文化符号通过民族语言和民族文字呈现，历史的人的一切最终都通过人使用的语言和文字表达出来。语言产生于交流，交流来自生活的需要，生活的需要就包含了人已经进行的、正在进行的和将来进行的。文字来自劳动，劳动是因为生存的需要，文字本身就把人的一切问题都反映出来了。

就英语教育而言，对文化概念和范畴的界定需要紧紧围绕目的语的特点，以及影响目的语的学习、理解、交际的种种语言和非语言的文化要素来进行。这就是说，相对而言，英语教育中研究的是一种狭义文化。

二、文化的分类及作用

（一）文化的分类

由于文化具有多样性和复杂性的特征，对文化的结构解剖也多种多样，具体有两分说，即分为物质文化和精神文化；有三层次说，即分为物质、制度、精神三个层次；有四层次说，即分为物质、制度、风俗习惯、思想与价值；有六大子系统说，即物质、社会关系、精神、艺术、语言符号、风俗习惯。

如斯特恩就根据文化的结构和范畴，把文化分为广义和狭义两种概念。广义的文化即大写的文化（Culture with a big C），狭义的文化即小写的文化（Culture with a small c）。

哈默利则把文化分为信息文化、行为文化和成就文化。信息文化是指一般受教育本族语者掌握的关于社会、地理、历史等知识；行为文化是指人的生活方式、实际行为、态度、价值等，是成功交际最重要的因素；成就文化是指艺术和文学成就，是传统的文化概念。

除此之外，有的科学家认为文化有两种：一种是生产文化，另一种是精神文化。科技文化是生产文化，生活思想文化是精神文化，任何文化都为生活所用。任何文化都包含一种生活生存的理论和方式、理念和认识。有些人类学家将文化分为三个层次：高级文化，包括哲学、文学、艺术、宗教等；大众文化，指习俗、仪式以及衣食住行、人际关系各方面的生活方式；深层文化，主要指价值观的美丑定义、时间取向、生活节奏、解决问题的方式，以及与性别、阶层、职业、亲属关系相关的个人角色。高级文化和大众文化均植根深层文化，而深层文化的某一概念又以一种习俗或生活方式反映在大众文化中，以一种艺术形式或文学主题反映在高级文化中。

还有人认为，文化的内部结构包括下列几个层次：物态文化、制度文化、行为文化和心态文化。物态文化层由物化的知识力量构成，是人类的物质生产活动方式和产品的总和，是可触知的、具有物质实体的文化事物；制度文化层是人类在社会实践中组建的各种社会行为规范，包括社会经济制度、婚姻制度、家族制度、法律制度，家族、民族、国家、经济、政治、宗教社团、教育、科技、艺术组织等；行为文化层是人际交往中约定俗成的以礼俗、民俗、风俗等形态表现出来的行为模式，见于日常起居动作中，具有鲜明的民族、地域特色；心态文化层是人类社会实践和社会意识活动中经过长期孕育形成的价值观念、审美情趣、思维方式等，相当于通常所说的精神文化、社会意识等概念。另外，心态文化层还可细分为社会心理和社会意识形态两个层次。

因为文化具有多样性和复杂性，所以很难给文化制定一个准确的、清晰的分类标准。这些对文化的划分都只是从某一个角度来分析的，是一种尝试。

（二）文化的作用

由于共同生活的需要，人类创造出了文化，而文化在它涵盖的范围和不同层面发挥着不同的功能与作用。

1. 整合

文化的整合功能是指它对于协调群体成员的行动发挥的作用。社会群体中不同的成员都是独特的行动者，他们基于自己的需要，根据对情境的判断和理解采取行动。文化是他们之间沟通的中介，如果他们能够共享文化，他们就能有效地沟通，从而消除隔阂，促成合作。

2. 导向

文化的导向功能是指文化可以为人们的行动提供方向和可供选择的方式。通过共享文化，行动者可以知道自己的何种行为在对方看来是适宜的、可以引起积极回应的，并倾向选择有效的行动。

3. 维持秩序

文化是人们以往共同生活经验的积累，是人们通过比较和选择，认为是合理并被普遍接受的东西。某种文化的形成和确立意味着某种价值观与行为规范被认可、被遵从，也意味着某种秩序的形成。而且只要这种文化在起作用，由这种文化确立的社会秩序就会维持下去，这就是文化维持社会秩序的功能。

4. 传续

从世代的角度来看，如果文化能向新的世代流传，即下一代也认同、共享上一代的文化，文化就有了传续功能。由于每个语言符号和非语言符号的外延意义与内延意义因文化不同而有所差异，不同文化背景的人在交流过程中会对相同的信息有不同的理解。可以说，文化障碍是跨文化交流中的最大障碍。由此可见，文化的传播在英语教学中非常重要。它不仅直接影响学生的语言交际能力，而且有利于促进学生文化素质、思想素质和心理素质的提高。英语教师一定要有文化意识，在英语教学中不能单纯注意语言教学，还应当结合所授内容，有目的地对学生进行文化传播，让学生学习语言的同时学习文化，枯燥的语言教学也能因此生动有趣。这不仅能帮助学生提高文化修养，了解外部世界，而且能有效提高学生学习英语的积极性，变被动学习为主动汲取知识，在实际中正确地运用语言。

三、文化与语言

语言及其文字是传播的重要手段，而文化是传播的实质。长期以来，我国英语教学受应试教育的影响，教师往往重视语言知识教学，而忽视了与之相关的文化教学。结果学生在做语法练习时得心应手，而在交际情境中却束手无策。而事实上，语言与文化是不可分割的。语言与文化有着十分密切的关系。语言是文化十分重要的组成部分，是文化的载体和媒介，是文化的表现形式，同时语言受到文化的影响和制约，二者是密不可分的。语言是人类在进化过程中创造出来的，属于文化的一部分，它同文化一样，都需要人们在后天习得，都属于人类的共同财富。早在20世纪20年代，美国语言学家萨波尔就在他的《语言》一书中指出：“语言的背后是有东西的，而且语言不能离开文化而存在。”语言学家帕尔默也曾在《现代语言学导论》一书中提到:“语言的历史和文化的历史是相辅而行的,它们可以互相协助和启发。”语言与文化的关系大致可以从以下四个方面来看。

（一）语言是文化一个十分重要的组成部分

语言是文化一个十分重要的组成部分。之所以这样说，是因为语言具有文化的特点。首先，从文化的内涵来看，它包括人类的物质财富和精神财富两个方面。而语言正是人类在进化过程中创造出来的精神财富，属于文化的一部分，二者都是为人类社会所特有。其次，就像文化一样，语言也不是生物性的遗传，而是人们后天习得的。人类先天就具备学习语言的机制，而动物却没有。最后，文化是全民族共有的财富，语言也是如此，它为全社会所共有。古德诺夫在《文化人类学与语言学》一书中也明确指出语言与文化的这种关系，他说：“一个社会的语言是该社会文化的一个方面。语言和文化是部分和整体的关系。”

（二）语言记录文化

语言是一面镜子，它反映着一个民族的文化，揭示了该民族文化的内容。作为一种社会现象，语言的作用不只是作为人类的交际工具而存在，人们在利用这一工具的同时，也把人类对生活现象、自然现象的认识凝固在语言中，即语言还具有记录文化的功能。通过一个民族的语言，人们可以了解该民族的风俗习惯、生活方式、思维特点等文化特征。

（三）语言促进文化发展

人类发出第一个有意义的声音可能是极其偶然的现象，当这个声音被一起活动的人接收时，其他人在遇到类似情况时，也会发出这种声音，于是，这种声音就成为人们某种认识的标记。随着这种标记的增多，人们的眼界会越来越开阔，相互之间的交际便越来越自如。这种认知事物的标记就是语言。

有了语言，人们在表达某种思想时可以少走很多弯路，节省很多时间和精力。

（四）语言和文化相互影响、相互制约

语言和文化之间这种双向关系可以从语言与思维的关系、语言作为文化的传播工具这两个方面来加以认识。语言是思维的工具，是文化的传播工具，而文化的构成又离不开思维（精神文化是思维的直接产物，物质文化是思维的间接产物），文化的发展也会促进语言的发展。作为思维的工具，语言在一定程度上影响和制约着思维的方式、范围和深度。然而，当思维发展到一定程度，语言形式不能满足其需要或阻碍其发展时，人们也会自觉或不自觉地改造思维工具，促使语言发生改变。文化的生命力在于传播。语言作为文化传播的工具，自然对文化传播有着极大的制约作用，是文化得以生存的力量。从这个意义上说，思维影响和制约着语言。另外，由于文化尤其是异族文化的传播，语言中会出现一些新的词语、新的表达方式。也就是说，文化影响和制约着语言。

第三节　英语教学与多元文化传播

传播是指社会信息的传递或社会信息系统的运行，信息是传播的内容。传播的根本目的是传递信息，是人与人之间、人与社会之间通过有意义的符号进行信息传递、信息接收或信息反馈活动的总称。关于传播的定义有很多种，有人统计有126种之多，它们有着各自的侧重点：强调传播是信息的共享，强调传播是有意图施加影响，强调传播是信息交流的互动过程，强调传播是社会信息系统的运行，强调传播是社会关系的体现。但无论从哪个角度对传播下定义，其基本意思都是与他人建立共同的意识。

一、传播

（一）汉语中的传播

"传播"在汉语中是一个联合结构的词，其中"播"多半是指"传播"，而"传"具有"递、送、交、运、给、表达"等多种动态的意义，这就指明了传播是一种动态的行为，所以在汉语中常作为动词使用。如传播信息、传播谣言、传播疾病、传播花粉……郭庆光在《传播学教程》中定义传播是社会信息的流动和社会信息系统的运行，分为人内传播、人际传播、组织传播、群体传播、大众传播以及国际传播和全球传播。语言是文化传播的载体，在英语教学中，我们主要靠语言来传播文化。语言是文化的载体，学语言就是在学文化。由于受独特的历史背景、价值观、世界观和哲学思想的影响，任何语言都载有其独特的文化内涵和意义，是传播该种文化的主要工具，也是人类用来进行思维和交流的最原始、最基本的工具。

（二）英语中的 communication

"传播"一词是从英语 communication 翻译过来的，源自拉丁语 communs（community）。在英语中这是个名词，原义中包含着"通信、通知、信息、书信，传达、传授、传播、传染，交通、联络；共同、共享"等意思。社会互动理论创始人、美国社会学家库利在他1909年出版的《社会组织》中专门设了"传播"一章。他在这章为传播下了一个广泛流传的定义："传播指的是人与人关系赖以成立和发展的机制，包括一切精神象征及其在空间中得到传递、在时间上得以保存的手段。它包括表情、态度和动作、声调、语言、文章、印刷品、铁路、电报、电话以及人类政府空间和时间的其他任何最新成果。"另一位美国学者皮尔斯也对传播进行了论述，他认为传播即观念和意义的传递过程。综合这些学者的观点，可以得出传播的基本定义：传播即社会信息的传递或社会信息系统的运行，人类的一切交流活动都是传播。

人类传播分成语言符号传播和非语言符号传播两大类。语言之外的身体动作、面部表情等也是传播符号。传播是一切社会交往的实质。在整个人类历史中，人类一直在改进对于周围事物信息的接受能力和吸收能力，同时设法提高自身传播信息的能力、速度、清晰度和便利性，不断更新信息传播的技术和方法，使传播成为社会发展的生产性要素。

二、教学与文化传播

对外汉语教学不应只是单纯的汉语语言教学，还应当融入中国文化传播与教学，使外国学生在学习汉语的同时，了解到丰富的中国文化。而把对外汉语教育和中国文化传播相结合是一个值得思考的课题。

现在，全国各地的高校陆续开设了对外汉语教育的相关专业，选择对外汉语教育专业的学生也越来越多。在学术界，研究对外汉语教育也成为热门课题。然而，从目前来看，包括从学校到学术界，专注汉语语言教学的现象较明显。对于把中国博大精深的文化融入对外汉语教育中的相关研究和实践尚未受到充分重视。同时，如何有效地在对外汉语教育中进行中国文化传播，即在汉语教育中进行中国文化传播的方法，就目前来说，相关研究和实践还有待提高。鉴于此，特提出以下几个能加强文化传播的方法。

（一）列举法

如在上课时，把一张中国春节的时候，很多人在车站排队等待回家的照片给外国学生看。可以解释说这是中国文化中重视孝道和亲情的一种体现。中国人不论在外工作有多远，都始终不忘在故乡的父母和亲朋好友。所以，在春节假期里，人们都回家团圆，孝敬父母并拜访亲友。同时，可以解释在中国文化里有“百善孝为先”的理念。还可以通过对一些中文作品的例举和介绍，引申到作品中相关的文化部分。比如，介绍李白《静夜思》中的佳句，可以由此引申到中国文化中的故土情节。

（二）参与实践法

在课堂上开设书法课，让外国学生了解中国书法魅力的同时，增加外国学生学习中文的兴趣。也可以开设京剧鉴赏课、剪纸课等。通过对这些中国非物质文化遗产的介绍，可以充分调动外国学生在汉语和中国传统文化学习上的积极性。外国学生通过这些丰富多彩的课程，可以实际感受中国文化，从而加深对中国传统文化的理解。

对于中国学生，我们也可以请教外国学生在他们过圣诞节时都有哪些能体现他们文化习俗的活动，可以的话，加入他们一起去领略各种文化的异同，并了解这些活动都体现了什么样的文化底蕴。

（三）交谈讨论法

在特定的中国传统节日，举行相关主题文化的交流讲座。这样可以调动外国学生学习汉语和中国文化的积极性。在举行交流讲座的同时，也可以进行一些实物展示。比如，在中国春节的时候，向外国学生展示春联等。外国学生通过交流讲座，可以将对中国文化的认识上升到新的高度，加深对中国文化的理解。同样地，在外国同学过外国节的时候也开一个座谈会，询问他们该节日体现的是种什么样的文化。英语教学的最终目的是更好地向交流对象传播我们的文化，表达我们的意思，语言是载体，表达自我、传达意思、传播文化是目的。

总之，语言是一种人们进行交流的工具，它与文化紧密相连。在对外汉语教学中的最佳模式就是进行汉语教育和文化传播一体化的教学。即在对外汉语教学中，加入中国文化传播教学的部分，将中国文化的教学渗透到对外汉语教学，让外国学生在中国文化的熏陶下学习汉语，进而了解中国人的思维方式，感受中国文化的独特魅力。

第二章　多元文化教育背景对英语学习的影响

第一节　多元文化教育背景下英语教师的素质与发展

英国的多元文化教育理论家詹姆斯认为，多元文化教育就是在多民族的社会中，为满足各民族群体或个体在文化、意识、自我评价方面的需要进行的一场教育改革运动，目的是帮助所有不同文化的民族群体学会如何在多元文化社会中积极而和谐地生活，保持群体间教育成就的均衡，以及在考虑各民族差异的基础上促进相互尊重和宽容。

一、多元文化教育背景下英语教师的作用

英语教师在多元文化英语课堂上起着主导作用，他们是组织者和领导者。特别是，在中国，英语学习者学英语主要依靠英语教师的传授，在这种情况下，英语教师的作用就显得尤为重要。在目前的英语教学当中，英语教师扮演着多重角色。可以说，英语教师是英语知识的传授者、英语课堂活动的组织者、言语交际活动的共同交际者、教学科研活动的积极参与者、消除学生英语学习心理障碍的治疗者和学生英语学习激情的启发者。英语教师再也不能机械地照本宣读，拿起教科书就去讲课了，而是要有扎实的语言知识和熟练创新的教学方法，还要从教育学、社会学和心理学等角度充分了解自己学生的文化背景和特点，充分调动学生的主动性和积极性。在传授知识方面，英语教师要善于学习，培养自己的多种能力，提高自己的知识水平和传授技巧；在课堂活动的组织方面，要明确课堂活动的任务，有条不紊地安排每一项活动；在言语交际活动方面，英语教师要以与学生平等的身份参加，营造轻松的气氛，帮助学生提高英语交际水平；在消除学生心理障碍方面，要善于发现学生的心理变化，帮助学生分析产生消极

因素的原因，使学生放下包袱，充满信心，学习英语；在对待学生学习英语的兴趣和激情方面，大学英语教师不仅仅是教课，更重要的是在教学当中建立一种激励机制，并将激励的内容结合社会实际渗透到教学当中，鼓励和激发学生学习英语的热情。

二、多元文化教育背景下合格英语教师的素质

（一）专业文化知识素质

英语教师必须在高等教育的英语语言领域接受过专门的、系统的、规范的训练，必须具有非常扎实的语言能力、语言运用能力和相当广泛的知识面，要具备英语文化交际知识、语言学理论和英语教学理论知识。教师必须在音乐学、语法学、词汇学、翻译和写作等领域进行钻研。教师要具有一定的权威性和影响力，促进学生在自主学习、学习动机和潜力发挥等方面提高。同时，英语教师不能把兴趣局限在本学科知识上，而是要具备跨学科的相关知识，吸收相关学科的新动态、新成果丰富自己的教学内容，扩大视野以及提高科研水平和能力。总之，英语教师的知识和能力可总结为以下三点：英语教师应具备的英语知识和能力，英语教师应具备一定的教学方法和教学技巧，英语教师应具备相应的理论知识。只有具备广泛而综合知识的英语教师才能取得教学的成功。教师的成长归结于对知识的不断追求和对教学的不断反思，大学英语教师一定要勤于思考。

英语教师除了具备坚实的专业知识外，还要具备乐观开朗的性格、口才好、吐字清晰、语言简练、重点突出，注重仪容仪表，具有良好的个人魅力。

（二）教育理论与教学科研能力

大学英语教师必须具备教育学、心理学和语言学方面的知识，了解教育和教学的一般性原则，以及学生学习英语的心理特征和学生记忆、观察、意志、性格等心理现象。在教学中不断钻研教学方法，总结教学经验，提高教学水平。合格的教师不会固定使用某种教学方法，而是会

在备课过程中充分认识学生的主体地位，深入研究教材和相关资料，并且随着教学对象、教学环境、教学内容的变化采取不同的教学方法调动学生的积极性。在课堂上，教师一定要敏锐地观察学生的反应，具有较强的组织能力和记忆力。在教学过程中，注意提高学生的学习能力和学习方法，开阔学生的视野。

教学工作和科研工作是相辅相成的。英语教师必须不断进取，刻苦钻研业务，善于总结、借鉴教学改革新经验，不断更新自己的知识，提高教学能力和教学水平，构建合理的知识结构，以适应时代的需求。

（三）道德情操与教书育人

多元文化教育背景下的大学英语教师工作的对象是积极向上、充满热情、富有时代感和时代气息的大学生。大学生思想活跃，可塑性强，教师的言行举止和思想价值观会深刻地影响他们。第一，大学英语教师要思想先进，跟上时代发展，充满时代气息。第二，大学英语教师要具有高尚的职业道德，为人师表，热爱教育事业，充满工作热情，关心和爱护学生。第三，大学英语教师要富有进取心，不断学习。第四，在教学当中，大学英语教师要注意培养学生的德育，不仅教会学生英语的听、说、读、写等知识和能力，更要锻炼学生独立处理问题和解决问题的能力，注意对他们综合素质的培养。大学英语教师要注意观察学生的思想和学习态度。笔者在课堂教学中发现，在课堂的英语交流活动当中，有的学生会流露出负面的观点和价值观。这个时候，英语教师不能听之任之，而是要及时地对学生进行德育教育。因此，在英语教学中要加强德育教育。当然，英语课程有自己的教学体系和方法，生硬地进行德育教育会让学生感觉与学习英语知识和外国文化不相符，所以德育应渗透教学的自然过程中，让学生感受到的是一种艺术的教育，而不是一种义务的教育。第五，大学英语教师要对学生一视同仁，不要偏爱一部分学生，而忽视另一部分学生，必须营造民主、和谐的课堂气氛。

第二节　多元文化教育背景下英语教师的现状与问题

一、师资严重匮乏

近年来，由于高校连年大幅度招生，有些院校的英语教师严重缺编，尤其公共英语教师。高校连续扩招给大学英语教学带来的压力远远超过了现有教师的承受能力。现有教师很少有在职进修的机会，更没有定期出国提高自己语言能力、改善自身知识结构的可能。

二、科研理论能力不够

英语教师的科研意识比较薄弱，科研能力不强。由于一线教师缺乏理论基础，即使摸索和积累了一些有益的经验和做法，也很难从理论上总结和提炼这些经验和做法，并将它们上升到理论的高度将之系统化，从而妨碍这些经验和做法的进一步推广。

造成这种状况的主要原因有三个。①大学英语教师学科结构不够合理，没有掌握一定的科研方法，也不具备必要的科研理念。教师跨学科知识不够全面，对其他学科的相关知识涉猎不够，没有掌握足够的教育学理论等知识。我国大学英语教师主要是英语语言文学专业培养出来的，在学科和跨学科知识结构方面存在不足。英语专业的学生在校期间没有受到必要的科研方法和技能的训练也是影响大学英语教师科研能力的重要原因。②缺乏科研意识和科研精神，对科研有畏惧心理。③缺乏科研条件。大学英语教师课时较多，没有足够的时间做科研。英语杂志较少，大学英语教师人数相对较多，因此发表文章难度大。近年来，各高校陆续改用新教材，教师花费的备课时间多，有的教师要同时准备两三种教材的课程。大学英语教师没有具体的专业方向，很难在某一方面做深入研究。另外，缺乏视野开阔、专业造诣精深的科研方向的组织者和学术带头人，教师科研活动难以有效展开。

三、师资培训问题

大学英语教师的工作经历、进修经历、科研经历非常有限，严重影响了其业务水平的提高。教师是直接影响教学效果的重要因素，其学历的高低与教学、科研能力直接相关。如果不对现有本科毕业的教师实行脱产或在岗的研究生教育，大学英语的教学质量及教学改革将受到影响。充足的合格师资是保证大学英语教学改革成功的关键，如果没有教师实施改革方案，那么任何改革设想都会付诸东流。英语教师除了要提高自身的英语水平之外，还要更新教育理念和教学模式。大规模的专业培训是提高英语教学质量的关键，在培训中应该优先解决更新教师的教育理念和改变教学模式的问题。

四、对策研究

（一）多元文化教育背景下教师的素质要求

阿伦德在《学会教学》一书中对多元文化条件下教师的素质提出了下列要求

（1）教师要注意自己的责任是教育所有学生，因而要坚信每个学生都有学习的潜力。

（2）教师要谨慎地运用学生资料袋里的各项资料，对提出的其他意见也要认真采纳，尤其注意不要形成先入为主的成见。

（3）在课堂教学中，要尽量给予每位学生同等参与讨论的机会。

（4）要仔细地自我检查，反省自己是否在对待不同文化、不同性别的学生上有差别。

（5）如采用能力分组教学，要不断检视学生在分组中的位置，以便随时变动。

（6）要公平地评价学生的学习过程和结果。

（7）在实施奖励时，切记要做到公平、公正、公开，不可因学生来自不同种族、群体、性别、社会阶层等而有不同对待。

（8）要经常了解学生的意见，看看他们是否觉察到了自己在期望上有偏差，随时检视，随时纠正。

由此可见，英语教师应对学生持公正客观的态度，对所有学生都持有较高的期望值，不可轻视学生的学习能力，帮助学生逐步培养跨文化学习和交往的能力。

（二）多元文化背景下的英语教师要不断提高自身知识水平，重建知识结构

英语教师除了要在自身专业方面不断学习之外，还要不断学习教育心理学和语言学习理论加强对英语教学的指导作用。目前，大部分英语教师教育的课程设计局限在以语言学和应用语言学作为单一学科的理论指导，结果是英语教师在教育实践中存在着重学科知识，轻教育理念、语言学习理论和教育心理学理论指导的趋势。英语教学活动作为一种涉及多学科领域知识的复杂教学活动过程，需要教师具有比较宽广的，包括教育心理学、社会学和应用语言学基础理论知识在内的知识结构。

（三）多元文化教育背景下英语教师要更新教育理念和教学模式

如果没有教育理念和教学手段的更新，即使英语水平较高的教师，也不能调动学生的学习积极性。相反，如果教师在课堂上实行“一言堂”，剥夺了学生宝贵的练习机会，那么这样的教师即使有很高的英语水平，也算不上教学能力强的教师。虽然有的学生已经过了四、六级水平考试，但是英语的实用能力并没有得到应有的训练，所以在实际工作中感觉力不从心，甚至心灰意冷。因此，在大学英语的课堂教学中一定要改变教学手段，以学生为中心，加强学生的英语实际应用能力。

（四）多元文化教育背景下英语教师要寓德育于英语语言教学中

寓德育于英语语言教学中，培养学生科学的世界观，是英语教学过程的第一个基本任务。英语教学，顾名思义，就是教授英语，但英语教学也是学校教育的有机组成部分，应当为学校总的教育目标服务。英语教学具有教育性，这是一条客观规律。学生在学习英语的同时，必然会受到包含英语知识中各种外国人士立场、观点的影响。而教学目的、教学内容等总是体现着一

定的要求和意识形态。教师应在教授英语的同时，坚持正确的思想观点对学生进行教育，做到寓德育于英语语言教学中，不能简单地理解为在英语课上空谈大道理，而是要遵循语言教学规律，密切联系教学实际，结合英语教学任务的过程进行。

用言传身教的方法对学生进行思想教育，教师在教学过程中所起的表率作用十分重要。多元文化背景下的英语教师要热爱我国教育事业，热心教学工作，备课认真，积极负责，关心不同文化背景的学生，用工作精神感染学生。教师在英语教学中表现出的人格魅力、敬业精神、责任感和教学效果往往会给学生留下很深印象。此外，英语教师要帮助和鼓励学生在英语学习和技能训练中树立一丝不苟、精益求精的精神和不怕困难、脚踏实地的作风。教师应该利用学生的点滴进步鼓励和鞭策他们前进。

（五）加强多元文化教育背景下英语师资队伍的建设

第一，要有计划地补充高质量的英语教师，把好英语教师的进门关，抓人才的引进。对人才的引进，我们应采取公开、公平、公正的方式，通过面试、试讲等形式，努力做到严格把关。实行“导师制”，为新教师配备有丰富教学经验的教师作为他们的导师，给他们就大学英语教学做系统的介绍，使他们对即将从事的工作有较全面的了解，同时帮助他们尽快熟悉工作环境，进入教师的角色。

第二，必须有计划、有步骤地培养高质量的教师。学校应通过定向培养、委托培养、优惠政策选调等方式解决英语教师数量不足的问题，在保证数量的基础上，鼓励教师在职自修、参与教研活动，选派优秀教师、业务骨干外出进修、出国深造并给予政策上、经济上的倾斜，对学成归来的教师予以重用，对成绩突出者给予重奖，不断提高教师个体和整体的专业、教育理论以及教育技术应用方面的素养。

第三，充分调动教师的积极性。学校应引入一系列的竞争和激励机制，调动教师的积极性，让能干、肯干、有创造性的教师脱颖而出，起到龙头的作用。此外，通过改善教师的办公条件、课时津贴和进修条件等调动教师的积极性。

（六）进一步加大大学英语教学改革的力度

结合以培养实用性英语人才为重点的思想，在教学大纲、教材、教学方法、课程设置、实践等方面加大改革力度。同时，进一步完善考试和评估制度，改变应试教学的现状，着重培养学生的实际应用能力。

第三章　英语教学与背景文化信息

应用语言学的观点认为，英语教学的目的在于培养学习者活用语言的能力。从社会语言学的角度来看，语言是文化的载体，文化是语言的内容，不同民族有各自不同的语言体系，不同的语言体系表现出不同的文化内容和知识信息。也就是说，世界上有多少个民族，就有多少种语言，有多少种语言，就有多少种文化现象存在。在语言与文化的关系问题上，人类学家普遍认为文化是人类在社会历史发展进程中创造的物质和精神财富的总和，是人类文化价值观念构成的知识体系。

语言是承载文化信息、反映人类社会文化生活的工具，也是人类思想形成和表达思想（交际）的工具。英国语言学家拜伦姆认为，一个人在习得某种语言的同时，就是习得了该文化。这一过程是由于各个民族根据本民族文化的表达模式对语言加以运用，使语言成为承载文化的载体和进行交际的工具。语言学家迈克·劳福林认为，语言习得是一个语言信息的处理过程，语言学习者扮演的是语言信息处理者的角色。但要注意的是，语言学习者在处理语言信息时，并非完全注意到语言输入过程中所有的信息，而是有意识地、有选择性地处理相关信息。因此，认识语言习得与背景文化信息导入的相互关系及其重要性有利于掌握英语教学的特点和规律，有利于培养语言学习者的文化意识，同时这也是语言教学中不容忽视的重要教学理念。另外，必须承认英语教学与文化之间的对立性。

第一节　英语教学与背景文化的对立性

语言学专家克莱森认为，人们在学习和应用第二语言时，有两个全然不同的过程：第一，学习者通过潜意识去理解和模仿第二语言的语法规则，学习掌握第二语言的词语语义，逐步提高自己的语言能力，这就是语言学理论中所指的语言习得过程；第二，学习者有意识地去学习理解第二语言中一些对自己较为陌生的语言现象，形成某种定式或概念。这就是语言学理论中所指的语言学习过程。从文化语言学习的角度来看第二语言习得与学习这两个过程，会发现母语文化与目的语文化无论是在哪一个过程中，都必然会有一个切合点或交点，这两种语言和两种文化正是在这个交点上相遇、碰撞、互动和磨合的，这一过程实质上就是两种文化相互对立的表现。只有当这一过程结束时，才会随之出现相互认同和相互接受的情况。在英语教学中发现，大多来自多元文化背景的学生，在学习英语过程中首先面临的问题就是怎样理解第二语言（目的语）的词义以及隐含在词义下的各个层面的内涵文化。

语言教学理论一般认为词汇或词汇量不仅直接影响学习者的阅读理解能力，而且是学习和应用所学语言至关重要的因素。词汇问题是常使语言学习者深感困难重重，但又不得不面对和解决的首要问题。从某种意义上讲，虽然词汇量不完全影响阅读的速度和理解判断，因为学习者有时可以根据语境、篇章和一些有关信息进行演绎推理，从而做出判断，但是对于把目的语（英语）作为第三语言学习的学生来讲，情况就比较复杂，遇到的困难会更多、更大。因为许多学生都习惯用自己民族的语言（本族语）和第二语言（汉语）的经验和方法顺势推导目的语（英语）以及对目的语文化的理解，尤其在目的语的习得中，会有意识地照搬自己习惯的一套学习方法学习目的语，这样势必造成“不因地制宜”。英语教学实践与研究发现，学生在开始学习英语时已基本形成由母语向第二语言再向目的语文化过渡性理解的顺势推导的学习思维方式，或由目的语及目的语文化向第二语言再向母语的逆向推导的学习思维方式。调研结果表明，许多学生具有母语或双语的启蒙教育和多元社会文化环境的真实体验，他们中有一部分学生在小学时期曾接受过“母语—汉语”的“双语”教育，到了初中阶段才开始接触英语，并且初中时期的英语教育基本上是三维模式，即“母语—汉语—英语”。譬如，学生刚开始接触某一类英语词汇时，首先会记住这个词的字母组合和拼写方法，然后学习模仿这个词的读音，其次逆向地从汉语中去找出这个词的含义，再次从母语中去寻找与这个词相近或等同的词及词义，最后才会去联系上下文理解这个词的词义和文化含义。

如果遇到的这个英语词汇在汉语中找到（借助讲解或词典）相应词义，而一时在母语中找不到相近词义，那么在理解上就会出现偏颇。学生通过逆势推导的方法理解了英语的某一词义后，才会从文化的角度进一步理解英语民族使用该词的目的和意义，从而学会在使用第二语言或目的语时应用该词表达自己的思想观点。归纳起来，英语教学与背景文化信息的对立性具体体现在以下两大方面。

一方面是由于常规的语言教学方法和传统的教学模式难以适应具有特殊语言文化背景的语言学习者，这主要反映在学习者的学习动机、学习策略和学习方法难以与教学模式相配合和产生互动上，往往在语言的教与学中造成一些“盲点”，难以找准语言教学与相关文化信息之间的切入点或切合点。现代语言学观点认为，任何一种语言，人们学习它的目的在于交流和应用，应用语言的先决条件是对语言的习得。语言的习得主要包括言语和语言两个过程。言语是指个人说话的行为和结果，语言是指从言语中概括出来的为社会公认的词语和规则的总和。

可见，言语是语言的基础，语言是言语的形式。在语言教学中，最能体现语言及其文化背景信息相互联系的就是翻译和阅读理解。就目的语文化的理解而言，可从英语阅读教学过程中找到一些答案。众所周知，阅读理解能力的培养是英语教学的重要环节之一，属于综合语言能力的培养范畴，具体要求学习者在单位时间内，快速准确地理解字符（语符）含有信息量的“摄入”含义。这种“摄入”能力包含着量和质的互动关系。摄入能力的量是指单位时间内阅读者用眼扫射字符数的多少，即阅读的速度；摄入能力的质是指阅读者扫射字符后对文字涵盖的内容及含义意图的理解认识程度，并在此基础上对有关问题做出判断的正确率，即阅读的效果。

英语专业基础阶段的阅读教学要达到的目标是能读懂难度相当于英国新闻周刊的国际新闻报道；要求在理解原文的基础上抓住要点，并能运用正确观点评价思想内容，阅读速度为每分钟 120 ~ 180 个单词，理解正确率不低于 70%；能在 5 分钟内速读约 1000 个单词中等难度的文章，并掌握文章大意。

英语阅读课的目的在于培养学生的英语阅读能力和提高学生的阅读速度；培养学生仔细观察语言的能力以及假设判断、分析归纳、推理检验等逻辑思维能力，通过阅读训练帮助学生扩大词汇量，吸收语言和文化背景知识。阅读课教学应以阅读理解能力与提高阅读速度并重。

教材应选用题材广泛的语言和文化素材，扩大学生的知识面，增强学生的英语感，培养其阅读兴趣。可见，英语阅读教学应特别注重培养学生建立良好的阅读习惯，在阅读教学过程中适时导入相关的背景文化知识和信息，达到使学习者在学习目的语过程中加深和逐渐熟悉目的语的教学目标。因此，正确认识和处理阅读教学中的质量关系、语言与文化信息的关系以及教学规律方法与学习者的学习动机策略的关系等问题，实质上就是正确对待英语阅读教学与背景文化信息的对立问题。

另一方面是由于语言学习环境的差异和母语的干扰和影响产生的对立性。在英语教学中，学生通过声像语言资料和书面文字阅读材料接触目的语和“族外文化”时，并不能像目的语国家人士和语言学习者那样，对所接触语言材料内容的字面含义和背景文化信息等很快地做出反应，而只能部分地理解文字的表面含义。因为学生在学习目的语时不仅会受到语言结构因素的冲击和影响，还容易受到如空间语言、时间语言、身体语言、副语言等这些非语言交际因素的影响，很容易导致语用失误。所谓语用失误就是指语言学习者不能准确地理解和把握英语词语的文化含义，潜意识地用母语的语言习惯和思维方式套用英语的现象。

英语阅读教学研究表明，语言是文化信息的容器和载体，对某一种语言的学习过程也就相当于对某种文化的学习了解过程。著名社会语言学专家舒曼认为，社会文化和社会生活方式的差异对语言学习有着较大影响。学生从小的生活方式和生活环境使其形成的民族心理和民族尊严反映在对不同语言有着程度不一的兴趣和认同。因为任何一门语言的文字形成，都隐含着深厚的文化内涵。可以认为，由于文化生活方式差异，语言学习环境中含有的干扰因素越多，语言学习者的目的语习得效果就越不理想；反之，这类的干扰或不利因素影响越小，效果就会越理想。多年来的英语阅读教学实践证明：一部分学生在习得目的语（英语）的过程中，很容易进入一个误区，这个误区就是机械地以本族语为某一具体标准，以此来衡定目的语及目的语文化的难易程度；还有部分学生在多元文化背景下，要么有意识地排斥跨文化交际中母语文化的积极作用，盲目地模仿目的语文化，结果学会或学到的是“洋泾浜”式不伦不类的目的语，要么有意识地排斥目的语和目的语文化，采取消极的学习语言态度对待目的语的习得。这样会使学生在习得目的语时，缺乏交叉联系，以及多语言多层面的横向的与纵向的比较，难以做到融会贯通，最终势必导致事倍功半、丧失信心、情绪低落，在未能适应目的语文化的同时疏远母语文化，始终找不到一种有效的“文化适应模式”，甚至有的学生还会产生逆反心理和厌学情绪，表现出语言（目的语）学习上有压力没动力的被动学习态度。此外，英语教学与背景文化还有相融性。

第二节　英语教学与背景文化的相融性

辩证法观点普遍认为，事物的发展总伴随着积极和消极的内在矛盾，既对立又统一。随着社会的发展，传统的语言教学理论和方法很难适应保留和传播本土文化以及尊重和接纳吸收异国文化的需要。因为传统的语言教学只注重把语言当作孤立的符号系统知识传授给学习者。语法规则和词汇历来都是语言教学的主体内容。实际上，语言技能和获取语言知识的方法比单纯传授或学习语言知识更加重要。现代语言教学实践证明，只要语言学习者学会语言，理解认识了该语言的文化，就会具有文化意识。文化意识的具备会推动达成语言教学的最终目标。对于学生来讲，通过习得目的语和目的语文化，从语言到文化就是整个习得过程。在英语阅读教学中应该注重启发学生有意识地把目的语的某些文化现象与母语文化现象进行比较，通过比较去发现母语文化与目的语文化之间的异同，这种差异或相同就好似一条纽带或一座桥梁，沟通了不同文化间的理解，既保留了本族文化，又吸纳了异族文化，也就是语言教学中导入背景文化信息的切入点，更是跨文化交际的连接点。因此，应有意识地主动去感受不同民族文化的内涵，步入民族文化相融的真实地带。语言教学与背景文化信息导入的相融性具体表现在以下几个方面。

第一，背景文化信息是语言教学过程的实际需要。学生离开从小习惯的生活环境和语言文化学习后，来到一个全新的目的语的学习环境时，表现出对目的语言及其文化的新鲜好奇。在开始系统地学习目的语时，他们思想活跃，乐意开口模仿，虽然有时表现出较强的自尊心理，在语言学习的困难面前显得不知所措，但他们很容易会主动去认识了解目的语文化。他们一般需要通过阅读、观察和交际去加深了解目的语和目的语文化完成语言习得的过程，这样就容易形成多视角的模式概念，并会自觉按照这一模式习得目的语和目的语文化。

第二，背景文化信息是培养语言学习者文化意识的重要途径。文化意识的培养是语言教学的最终目的，也是语言教学的重要方法之一。因为文化意识对语言学习和扩大语言文化知识面起着无可替代的作用。通过有的放矢地调节语言学习者的学习策略、学习动机以及学习方法，可使语言教学超越纯语言知识灌输的模式，使语言学习者在实际的跨文化交际中适应目的语及文化实际需求，造就和培养出既有语言知识，又有语言技能，更有文化素养的合格的英语人才。

第三，背景文化信息导入语言教学过程是由语言与文化的相互关系决定的。语言中存储了先人的生活和劳动经验，从一些词语中反映了人们的世界观和价值观，记录了民族和社会发展的历史过程。对于后来人来说，只有通过学习语言，才能了解和掌握整体的文化内涵，了解人类文化的脉络，认识文化信息。也就是说，任何一门语言都包含了一个民族文化、一个民族历史传承下来的决定这个民族传统习俗、风土人情的理念体系，文化的不断发展与进步也推动和促进语言的发展与进步。著名的美国人类学家霍尔认为："文化是人类生活的环境。"社会语言学家沃尔夫逊认为："一个人在与外族人交谈时，本族人对于他在语音和语法方面的错误往往是比较宽容的，相比之下，违反说话规则却被认为是不礼貌的，因为本族人也不大可能认识到外族人的言语行为以及使用语言的环境。"

总而言之，语言教学尤其英语教学的根本任务就是培养在具有不同文化背景的人们之间进行交际的人才。有关资料显示，当代美国英语教学协会倡导并提出的英语能力教育要求中，已把语言（英语）的听、说、读、写等语言运用能力和文化素养（社会文化能力）列入语言能力培养的五个主要方面，也就是说，把文化素养作为五项能力之一加以重视。其中，文化信息来源以阅读为主，阅读内容大多是对目的语文化的概述或简要介绍。为此，强调在阅读教学中要正确引导，注重启发，进行大量实践训练，强化学习者的个人参与意识，找准切入点，不失时机地导入相关的背景文化信息，使语言学习者能够较快地适应学习目的语文化知识的方法和模式，有意识地培养理解文化的能力，全面获取语言习得和文化教育的理想效果。

第四章 多元文化背景下的英语教学

第一节 立足基础教育

实践证明，英语教学必须坚持以教学环境和学习者的实际为准则，以语言文化基础为根本目标。英语教学的根本目标或任务就是培养具有不同文化背景的人进行跨文化交际的能力。我国高校的英语教学首先要从大学生的实际语言能力和文化基础知识结构出发，课堂教学活动以学生为中心，把英语语言作为交际工具来系统地学习和训练，不能把英语教学定位在仅仅是传授语言知识，更不能把英语教学当作某一学科的理论知识来灌输，而是要把英语的教学活动和教学环节贯穿在学会使用的基本点上。

传统的英语教学模式，即语音、词汇、课文理解、练习，过于强调教师在课堂教学中的主导或中心地位，在教学形式上过于对立，教师讲，学生听，人为地丧失或放过了学生练习或实践语言工具的机会，容易形成学生依赖于教师的"指挥棒"，出现被动的学习局面，产生死板的学习方法，这与当代英语教学方法上提倡的能动机制和创造动机是相背离的。特别是，传统教学方法更容易助长学生的依赖思想，不利于培养学生的自学能力和调动学生的学习积极性、主动性，使教师深感百倍辛劳，而收获甚微。然而，学生则容易出现边学边忘，知识的积累似乎越来越少，对英语学习失去信心，难以产生兴趣的情况，最终导致不良循环。从教学层面上看，教师在整个教学环节中认真负责，严格把关，尽心尽力，一丝不苟，但效果不佳，几经努力，教学质量和学习效果终难提高。

针对这种现状，笔者认为，我国高校的英语教学在方法上要把国家教学大纲的目标进行细化和量化，有机地把量化要求与大学生的实际语言能力和文化背景结合起来；在教学过程中，把文化多样性因素与教学环节紧扣起来，找准切入点，不断探索大学生学习英语的特点与规律，进一步增强英语教学的针对性意识，确保教学质量稳步提高。具体来讲，在英语基础阶段的教学中，要对大学生的母语应用能力、汉语基础知识、现有英语水平以及具备的文化背景知识等进行系统全面的调查研究，认识和了解大学生学习英语的习惯和特点，有针对性地开展英语语言教学实验，及时对实验结果进行分析和总结，确定英语教学的重点和关键环节，在此基础上，不断改进教学的方式方法。有了具体的教学重点，便能明确应对的教学策略，确立教学阶段的目标。

大学生普遍难以在很短时间内适应从初、高中阶段直接过渡到大学阶段的教学模式和学习环境，因为大学生在高中阶段具备的英语基础与大学英语基础阶段的知识结构要求差距较大。除此以外，还有学习习惯、学习心理、学习方法和学习能力以及学习环境等方面的因素。这些主观因素与母语的干扰和影响的客观因素交织在一起，形成了英语教学的困难和障碍，在实际教学中应充分考虑把基础阶段的教学时限、内容、方法和目标进行切分、细化或分解，重心移向基础阶段的过渡期教学。从教学的方法、步骤和目标上把基础阶段的教学分解为三个时期：一是过渡时期，二是基础巩固时期，三是达标时期。各个时期都有切实可行的重点要求，充分体现各个时期的重点和特色，最终落实到以科学合理的教学原则创造出实际的质量这一根本目标，也就是说，真正做到“低进高出”。

在过渡时期的英语教学中，一方面要帮助大学生适应新的学习环境、生活环境、教学方法，注重培养大学生的自学能力，树立学习英语的信心；另一方面要根据教学大纲要求和教材内容，着重突出基础的语音、语法和词汇三个基本项目的系统学习和训练。通过基础阶段的过渡期教学，使大学生能够系统牢固地掌握发音方法和要领，正确运用读音规则辨析词汇的构成，在朗读和日常对话中做到语音清楚、语调正确。在基础语法知识的学习巩固中，既要精讲，更要多练，确保在使用基本的时态、语态、语气、人称的数与格以及句型结构时无明显错误。

词汇的学习对大学生来说是一个永恒的主题，也是英语教学各个时期各个阶段的重中之重。语音和语法的学习训练是词汇学习的关键，而词汇的学习与掌握又是整个英语教学的前提条件和主要环节。所以，在过渡期的教学过程中，要始终贯穿语音、语法和词汇这三个基础知识、基本技能的训练，只有打好这一阶段的基础，才能保证基础阶段时期的教学；同时，要把学生在过渡期学会的知识和方法引入应用。这一时期的教学主要突出综合技能的应用，结合教学教材内容，采取课文释义、短句短文听写、课堂讨论、课内课外阅读、读书报告、应用文写作等形式，提供给学生大量实践英语的机会，在实践中不断加强综合的语言技能训练，通过训练，又使所学知识得到进一步巩固。大量的英语阅读和写作能使学生加深对英语表达习惯及英语民族思维方式的了解，逐步培养自身的文化意识，减少学习中的困难。近年来，国内外心理学最新研究成果表明，学生会对有兴趣的东西产生一种激情，这种激情比热情更强烈、更持久、更令人时常处于着迷状态。

对于做某件事情有这种激情的人来说，做事本身就能产生极大的愉悦感，越累越高兴。譬如，那些在露天球场观看球赛的球迷，无论风吹日晒，都站在球场边上手舞足蹈，呐喊不停。这对坐在电视机前看球赛的人来说，或许他们会认为那些球迷是在自找苦吃，但是对于球迷来说，身临其境真乃无比兴奋、无比刺激。在基础阶段的达标或目标时期的教学中，根据学生在前两个时期的英语学习情况，进行单项技能量化分析，以教学大纲的具体目标要求为准绳，找出差距和成因，采取各个突破的办法，在教学内容和教学方法上进行调整和改进，提高针对性，注重实效，不断完善各种检测手段，使目标时期的教学更加系统化、科学化和合理化，达到向目标迈进、向目标冲刺的目的，最终把整个基础阶段的英语教学统一到科学的教学方法的认识上来。或许可以这样理解，教学理论中深入细致的研究和教学目标，特别是教学方法的改进，在一定程度上就像一种诱导物，会使作用物产生或发挥出难以置信的巨大能量和动力。简而言之，教师与其费尽心力地向学生传授某一方面的知识，还不如去营造一种轻松的环境，教会学生获取知识的方法和途径。

第二节　加强教材建设

教材建设是提高英语教学质量的一个重要方面。教材建设的过程及效果既是加强学科建设的主要内容，又是开展教学相关性学术研究的基本途径之一。

据不完全统计，迄今为止，国内尚未有针对大学生多元文化背景和汉语文化知识基础相对薄弱编写的适用性教材，也没有比较系统的按程度、阶段、阶梯等级分类的分级教材，因此要弥补各阶段之间形成的或客观存在的大小不一的跨度，这就是我国高校英语教学面临的实际困难和压力。对学生来说，就像一群普通的泥瓦匠正在理解某一施工设计图，之后，各自去完成连自己也不完全清楚的工作“任务”。譬如说，我们在大学一年级英语专业泛读课程中使用的教材，从第一册第一单元的文章开始都是节选的英文原文，据统计，学生在阅读过程中的生词量占实际词量的45%，其中，掌握词汇占21%，认知词汇占32%。也就是说，学生基本上无法读懂文章。在此情形下，要想理解文章大意就会更加困难。加之教材选用的文章篇幅较长，相关练习涉及的知识技能覆盖面宽，如果学生不借助工具书——词典或事先预习，就会像读天书一般。一些大学生在对英文阅读课的学习总结中谈到，英文阅读是一门很“奇怪”的课程，在学习实践中会有这样的感受：自己觉得能读懂的文章，往往做下来的练习和判断大意结果令人失望，错误总是多于正确，能记住的单词总是比忘记的单词还少，反而一些自己觉得根本读不懂的文章，靠“乱猜”还能将一部分练习做对。

产生此类现象主要有三个方面的原因：一是大学生的语言文化基础知识与教材内容要求存在着相当大的差距，二是大学生对讲英语的民族的文化背景以及语言表达习惯和思维方式比较陌生，三是一些大学生的英语基础比较薄弱。因此，英语阅读教学面临一大矛盾，即是应根据大学生的实际情况调整教学内容，还是应首考虑完成教材的教学任务。若要二者兼顾，那么在教学安排和学生的实际接受能力上又会出现种种矛盾，很难把语言知识的学习、语言技能的训练和学习方法统一起来落到实处。笔者之见，唯一的办法就是在教材建设方面下功夫。采取编写相应的同步辅助教材，边教学边修补，不断巩固大学生的实际基础，在教材建设中，既要充分考虑大学生的实际基础，又要介入与之相适应的教学方法和手段，帮助大学生实现从基础训练到实际应用的顺利过渡，逐步向教学大纲的目标要求靠拢。

在辅助教材尤其同步辅助教材的编写中，一定要严格以教学大纲目标为指导，把统编教材的知识内容与辅助教材所需强化的语言点、知识点、重点难点、语言现象剖析等结合起来，通过浅显、规范、通俗易懂的描述，让学生对教材内容有亲切感，产生兴趣和激情，刺激求知欲，朝着更远、更高的方向迈进。与英语教学相关的各科目的教材建设中一定要突出大学生的学习动机、学习策略、学习方法、学习习惯与英语理论知识和实际技能培养相结合的中心目标，由此起到推动和帮助大学生树立语言文化意识、提高文化敏感性、在英语教学中融入素质教育的作用。

第三节 改革课程设置

在课程设置方面既要保证突出专业基础课程的稳定性和实效性，还要保证教学质量与社会发展的实际需要的相融性，更要突出我国高校英语教学的特色。对我国高校的英语教学来说，要明确英语教学的目标任务与培养人才的目标，在调整专业结构和调整课程设置上进一步加强和巩固基础课程，进一步加强建设具有特色的新增课程，使课程设置更加科学化、合理化、规范化和实用化，使课程设置的调整在推动教学改革和提高教学质量方面发挥积极作用。

根据多年的教学实践经验，笔者认为，在课程设置方面应处理和解决好以下三个问题。

一是强化专业基础课程设置的意识，重点保证专业基础课程的稳定性。对英语语言教学本身来说，只有坚持不断地加强基础课程的投入和建设，才能进一步巩固和发展专业方向，这既是提高教学质量的根本保证，也是根本途径。因此，专业基础课程的设置与改革并不是简单意义上的合并、增加或削减的问题，而是充分巩固和发展提高的问题。譬如，英语精读与泛读、英语视听、英语写作、英汉互译、英语听说等这些专业基础课程或专业主干课程需要得到进一步的巩固和加强建设。这既是直接关系学生最基本的语言理论知识结构和最基本的语言技能的核心问题，也是高校英语教学的生命线和未来学生具备社会竞争实力的关键基础。在确保专业基础课程不断加强和建设的前提下，根据社会和现代科技经济的发展情况，针对语言学习者的知识结构和社会发展需求，考虑增设人文社会科学的相关基础课程，进一步拓宽大学生的知识面和对相关语言学科知识的了解，尽可能挖掘大学生的知识习得潜能。课程设置要根据课程的特点与规律，注意处理好知识的连贯性与衔接关系，不宜把基础课程过于集中在某一时段，要使整个知识体系合理地形成梯次，要在各个梯次中突出重点和目标要求，使学生能够及时获取相关的知识信息，同时在接受基础理论知识的学习教育过程中，学会获取知识的方法和途径。

二是课程设置力求突出特色，兼收并蓄，博专结合。特色课程之所以具有强大的生命力和深厚的潜力，主要是因为有利于开展科学研究，而科研又能较好地服务教学，推动教学改革和教学质量的提高，充分体现多元文化的文化渊源，有利于增强大学生的多元文化意识，更好地与国际文化教育接轨。可以开设“西方文化史”等课程。这些课程可设置为“双语”必修学分制课程，通过这类课程的系统学习，大学生可被造就成既能够熟练运用英语，又谙熟中西文化差异的现代复合型人才，在未来社会各条战线上肩负重任。

三是在课程设置上提倡由教学经验丰富且具有高级职称的专家教授主讲专业基础主干课程，全面推动教学实验、教学改革和科研工作的开展。

知名教授和高级职称教师为本科学生讲授基础课程是确保教学质量的一条重要途径。学生不仅能从这些具有丰富教学经验的教授和教师那里学到获取新知识的方法，还能从这些教师身上学到严谨的治学态度和人文素养。这也是有效充分利用高级人才资源的具体方法。我国的一些著名高校之所以名震海内外，与知名学者教授讲授基础课程的举措密是不可分的，而且相当部分的外国大学也一直坚持这种做法。

譬如，二十世纪二三十年代，清华大学就曾经聘请过周培源、钱三强、叶企孙等教授为该校物理系本科一年级的学生讲授基础物理课程等。这些专家教授的授课使学生情绪高昂，深受鼓舞，以极大的热情投入学习，培养出了中华人民共和国一代又一代的精英。为了提高我国高等教育的国际竞争力，要积极推进使用英语等英语公共课和专业课的教学。结合社会发展的实际情况，针对我国高校英语教学的特点和规律，可以考虑有计划、有重点地确定2～3门课程作为双语教学课程来实施。譬如“旅游学导论”“民俗学概论”“西方文化史”等课程，无论是从目前的教改需求还是从长远发展目标来看，既属于课程体系改革的重点问题，又属于双语教学模式最理想的课程设置。“双语”教学的成功实施产生的积极作用不是一般意义上可以理解的。

第四节 深化课程建设

重点课程建设是加强学科建设的重要内容，也是当前高校深化教学改革、提高教学质量的主要途径之一。通过一门或多门重点课程的建设，可以进一步摸索和改进教学原则和教学方法，总结教学经验和教学规律，规范教学环节，开展相关性学术研究，充实和完善教学质量目标量化体系，进一步调动教师的积极性，发挥教师和学生的主观能动性。现阶段突出强调英语学习者语言应用能力的培养，尤其在听、读、写方面。具体反映这一基本教学指导原则的是，在语言应用能力和测试水平上缩小了客观判断的比例，增大了主观运用的比重。对于语言学习者来说，或许在处理语言客观判断中会有一定程度的“估计”或“猜测”，但其中始终会有一定的正确性概率，这只能看作语言能力上的机械运用。然而，主观应用则要求语言学习者能灵活运用习得的理论知识，在实际的语言交际环境中正确处理各种复杂的语言问题。

笔者认为，英语教学强调的教学重点和目标要求正是英语教学中存在的问题和薄弱环节。对我国高校的英语教学来说，情况更严重一些，要求标准更高一些，存在问题的原因更复杂一些，总之可以概述为我国高校英语教学面临的任务更艰巨、困难更大。反映在大学生学习英语方面，这些问题和困难一部分是由大学生实际的语言文化背景以及已具备的文化知识结构的局限造成的，还有部分是由传统的英语教学模式形成的学习习惯造成的。因此，应该把英语听力、英语阅读和英语写作这三门专业主干课程作为重点课程加强建设。实践证明，重点课程的建设有助于提高师资队伍的业务素质，完善教学环节和教学过程，促进科研，突出教学质量的中心，建立一整套科学合理的教学质量评估体系。

具体来讲，在英语听力的课程建设中，突出生动形象的语境塑造、图文并茂直观的教学方法、强化激发学习者的激情和兴趣这一根本目的。以英语精读课的建设贯穿综合语言应用能力的提升，充分发挥精读课教学在词汇学习、语义辨析、基础语法实践等方面无可替代的、强化基础的作用。英语阅读是一门综合性、应用型的课程，其特点是突出阅读数量上的“多”、内容上的“广”、速度上的“快”和理解判断上的“准”，以达到扩大学习者的知识面、熟悉了解西方文化背景、加深对英语语言表达习惯和思维方式的认识的目的。英语写作的课程建设能使学习者学会运用正确的词汇，进一步熟悉和应用规范的写作文体格式，清楚地表达作者的真实意图。

重点课程建设是一项长期的、重要的教学过程和教学环节。在重点课程建设过程中，一方面要组织好教学实验，包括对学习者的实际语言能力、文化背景、学习习惯、学习心理、学习兴趣、知识结构等方面的调查研究；另一方面要加强信息资料的分析研究，从理论和方法上开展相关性的科学研究，交流教学实践经验，在实际教学各个阶段的目标要求上取得共识，不断创造条件加强师资队伍的业务素质，培养师生的创新意识，注重重点课程建设的学术性、实用性和推广性。通过重点课程建设促进学科建设，使学习者感受到教学方法的创新、知识结构的变化，从而对新知识、新方法产生兴趣，增强学习者的学习信心。这将为全面提高教学质量、突出教学特色奠定坚实的基础，为我国高校英语教学的发展打造一个良好的发展平台。

第五节　提高教师素质

师资队伍建设是提高教学质量的关键。常言道，“学高为师，德高为范”，教师是人类灵魂的工程师。师资队伍的建设要有长远的战略目标，要常抓不懈地促进教师的思想职业道德和业务素质的提高，可以设想，如果教师未能履行教书育人的天职，那么厚德载物的良好学风和严谨的治学态度就难以建树。作为教师，应该定位在既能成功地采用行之有效的方法向学生传授科学文化知识，又能以身作则地教学生为人处世，自觉规范自己的言行上。师资队伍的建设一定要把教师的业务素质与爱岗敬业的精神作为核心和重点。教师的综合素质直接关系一个学校的前途和命运，是学校办学发展和培养人才的主动力，更是提高教学质量的重要条件和根本保证。笔者认为，我国高校英语教学的师资队伍建设应从六个方面加以建设和提高：一是鼓励中青年教师在职提高学历层次和进行国内外学术交流、进修学习，相应配套的人才管理机制应及时产生和发挥作用；二是建立科学合理的职称和专业方向专业结构的学术梯队，充分发挥教师的个人专长；三是通过科研项目和课题研究，调动教师的积极性，增强教师对教书育人的使命感和责任感的观念意识；四是选拔培养一批教学业务骨干，在教学和科研方面提供条件，使他们能尽快成为某一学术领域的排头兵和带头人，使教学改革朝纵深发展，推动教学质量的进一步提高；五是进一步扩大校际间教师的交流，取长补短，不失时机地把新经验、新方法和新成果应用到教学实践中；六是充分发挥教师在办学层次、专业方向延伸中的地位与作用，以老带新，以新促改。只有将师资队伍建设放在一个重要的位置上常抓不懈，才能为教学改革和教学工作实现质的飞跃提供可靠保证。

总之，无论是普通的英语教学，还是我国高校的英语教学，都面临着严峻挑战和激烈竞争。英语教学的改革是整个高校优化资源配置、提高办学能力、提高教学质量、增强市场竞争实力的根本途径和必经之路。只有不断深化教学改革，才能与国际高等教育接轨，高校也才能深挖潜力，办出特色，办出水平，真正落实教书育人的目标，肩负起历史发展和社会进步赋予高校的重任和使命。作为我国高校的英语教师，在教改实践中应该勤于思考，大胆探索，勇于创新，少说多做，这样才不会辜负人民的期望，对得起莘莘学子。

第五章 多元文化下的当代英语教学思考

第一节 我国多元文化课程的目标

对我国的社会背景进行分析，并借鉴他国的多元文化课程目标之后，可归纳总结出我国的多元文化课程目标。

一、了解世界文化的多样性，建立文化多元的概念

世界是由不同的文化群体组成的，各种文化都有其产生与发展的背景，都有不可剥夺的存在理由和不可替代的独特价值。由于现代生活的需要，不同文化群体之间的交流和接触愈加深入，对不同文化的理解与尊重是避免文化冲突、实现平等交往、成功合作的必要条件。倘若对不同文化持排斥、否定的态度，必将导致交往中的文化冲突，对个体的成长来破坏。所以，应使学生形成开放的心态对待世界，不惧怕陌生的事物和面孔。

二、给学生提供系统学习异质文化的机会

学校教育应给学生提供系统学习某一异质文化（包括语言）的机会，培养学生对该异质文化的尊重及深刻理解，获得理解不同文化必需的基本技能。

这一目标是基于一个设想：对某一不同文化的深刻理解及获得的积极态度可以使学生尊重其他异质文化，在此间获得的一些跨文化的学习基本技能可以发生迁移，帮助学生更好地理解其他不同文化。这样可以实现举一反三，以简驭繁，使学生在有限的学习时间和精力下，达到接纳与尊重所有异质文化的根本目标。

这一目标的另一设想是为学生评价本国文化提供一个完整的、系统的参考体系。通过系统的学习，深入了解不同文化的形成与发展，深刻领会其内

涵，这些都是在理解本国文化中触及的方面。缺乏这样的学习，势必使理解不全面、评价不公正。

语言不仅是交流的工具，也是特定文化的载体，语言课程在任何一种形态的多元文化教育中都得到了充分重视，这一点已无可非议。

三、促进学生对本国文化的思考，发展学生的多角度思维

不同文化学习给审视本国文化提供了良好的机会，要充分利用多元文化教育的这一优势，促进学生对本国文化的思考，启发学生用新的视角去看待那些“天经地义”的观点与现象，帮助学生发现隐藏在文化现象之下的预定性假设，引导学生在多元文化社会里，理解自己的文化形成，确立自己的价值观、信仰、行为方式等，构建个人的文化观。只有个体的独特性得到自由的发展与充分的尊重，文化的繁荣昌盛才有可能实现。

四、尊重与接纳不同文化，认识到文化多元的价值

要广泛地了解多种文化，扩充对人类的认识，发现多种文化蕴含的共同人性和对美好生活的追求，理解平等与正义的法则，把促进社会的平等与发展视为每个社会成员的职责；能够运用获得的方法与技能探究其他文化的形成与本质，时时以不同文化为镜像，解剖“自己的文化”，促进个人文化的不断成长；以开放的心态去认识世界、认识自我，把多角度考察问题作为一种思维方式，发现文化多元的价值，增进对文化平等的维护。

需要说明的是，多元文化教育是学校教育的一个组成部分，它与国家的教育目的是一致的；多元文化课程也不是学校课程的全部，它以单一文化教育的存在为前提。没有一个已有的文化学习，就无所谓异质文化学习。而且，一个国家只有具有和保留自己的独特性，才有可能在国际上占有重要地位，才能对世界的发展做出自己的一份贡献。因此，在多元文化教育背景下，本国文化课程不但不能削减，而且应该加强。理解自己与理解他人本身就是一个互相促进的过程，多元文化教育在理解与尊重他国文化的过程中，实现了

对自己文化更深刻的理解及发展。

课程模式必须反映具体课程设计的基本思路，对具体课程设计具有重要的指导意义。由此可见，多元文化课程模式是开发多元文化课程的重要环节。

首先，课程模式的设计要协调好社会、学生、知识三者的关系，这是各种课程设计中面临的一个永恒主题。在前面的讨论中，已经得出这样的结论，即以学生的发展为中心平衡三者的关系，在课程模式的设计中要体现这一原则，把促进学生的发展作为课程模式设计的主线。

其次，课程模式是以一定的课程目标为依据而制定的，它必须反映课程目标的设想与要求。我国的多元文化课程目标由两大部分组成：通过对他国文化的学习，促进对异质文化的理解与尊重；通过对本国文化的思考与鉴赏，实现本国文化的发展与更新。

最后，课程模式必须遵循学生身心发展的特点与需要，这样才能反映和实现促进学生身心发展这一基本原则。从横向维度上看，学生的发展要经历知识的掌握、技能的形成这个过程，能力的发展、态度与情感的形成发展伴随其中。作为多元文化学习过程中特有的内隐性要求——确立自己的价值体系，应在文化的比较之后加以建立。从纵向维度上看，学生对本国文化及异质文化的认识逐渐加深，由经验转向理性，由单一过渡到群体，由个别扩大到整体。

综合三个方面的因素，可以勾画出我国多元文化的课程模式的基本结构。

初级阶段：由个别差异的认识到家庭不同的认识。这一阶段，学生对多元文化的认识来自生活环境，尚处于经验阶段。所以，在这一阶段，应“以经验为中心”组织课程，着力解决生活环境中令他们困惑不解的问题，启发他们对认为是理所当然的事实重新思考，并引导与帮助学生发展自己的观点，在传授知识的同时，逐步培养学生反省与自我批判的能力，保持和激发学生的学习兴趣。

中级阶段：由社区和各地区间不同的认识，进而认识到各种族或民族间的差异。在此阶段，经验提供的零碎的、不全面的认识已无法满足学生认知发展的需要，为了更深入地探索文化差异的形成，必须对异文化有全面系统的了解。所以，这一阶段应以学科方式提供多元文化课程，并培养学生一些跨文化的比较分析等基本技能，通过对两种文化系统全面的比较，获得文化差异形成的一般认识，并促使学生理解本民族文化的形成。在冷静、理智地剖析两种文化后，确立自己的文化倾向或文化观，发展积极的自我概念，同时充分尊重异于自己的观点与态度。

高级阶段：由各种文化差异，进而认识到文化的国际性、各种不同的文化及所有民族的文化。在这一阶段，需要通过接触与了解更多的文化，进一步训练与巩固获得的基本技能，并尊重与理解其他文化。

提供文化差异的方式可以以社会问题或事件为中心，通过课程呈现各方观点，或者由学生独立搜集各种意见，在教师的帮助下，学生逐步独立地运用各种基本技能，分析各家观点的成因，挖掘其潜在假设，通过对各种观点、态度等的广泛理解，发现人类文化的共性与追求，最终，确立自己对社会问题或事件的立场与态度，甚至采取必要的行动。

课程的选择与组织应始终遵循学生多元文化观念发展的阶段性特点，以培养学生跨文化的理解能力、探究能力为核心，在促进学生对异质文化理解与尊重的同时，促使学生建立清晰、明确的自我概念。只有当未来社会的主人——学生的多元文化素质得到充分发展，民族与国家间的平等尊重、友好合作，以及文化上的繁荣昌盛、欣欣向荣才有可能实现。

需要说明的是，这三个阶段并非泾渭分明，因为学生认知的发展是连续的、整体的，而非跳跃的、局部的，所以，这三个阶段的课程组织方式不是互相排斥，而是互相补充的，只不过有主辅之分，即在某一阶段应以某一类课程组织为主，其余二者配合。这样，各类课程组织方式的优势都能得到充分利用，从而更好地促进学生多元文化素质的发展。

第二节　多元文化视野下课程的价值选择

由于多元文化影响的不断深入，一元文化课程受到前所未有的限制，而多元文化课程却为当今世界课程改革注入了新的活力，甚至为新的课程改革提供了一种可供选择的路径。然而，多元文化课程同样受到质疑。批评者指出，多元文化主义对文化特殊性的过分强调容易带来只是对自己所属族群文化的兴趣，对其他文化则容易采取隔绝、冷漠甚至排斥的态度。我们确实步入了一个多元文化的时代，但由于文化类型林林总总，纷繁复杂，文化积累也比任何时代都丰富和深刻得多，多元文化课程是否需要或者有必要将所有文化类型都纳入其中，即使需要纳入其中，但由于学生的学习负担和课程容量都是有限的，现实中的课程能否把各种文化类型都涵盖进去？此外，非主流文化族群对于多元文化课程也存在许多担忧，那就是让自己的孩子更多地接受本族文化的教育是否会影响他们接受其他先进文化教育的完整性？对于多元文化背景下的课程，必然有一个价值选择的问题，而课程文化的价值选择必然影响课程的发展方向。

首先，要有多元的发展视野。我们努力从事的工作正是在复杂多变的世界格局和人类发展中，开阔文化理解的视野，在多元文化视野中寻求文化自觉。这就要求我们在文化一元与多元的矛盾中保持适宜的张力，即把对立的两极联系起来，使对立的两极互相补充，以保持文化普遍性与特殊性之间、共性与个性之间微妙的平衡，从而不会陷入在本来相互联系的两极中硬性择一而排一的两难和破坏性的左右摇摆中。无论是价值的普遍性，还是强调不同文化之间的平等和独特品质，其本身都反映了文化的两个方面，将其对立起来的做法显然是过分情绪化的。多元文化课程旨在分享不同文化的成就与贡献，促进不同文化族群之间的有效交流、相互理解、相互认同和相互尊重。

其次，要采取知识统整的方法。多元文化课程不是各种文化内容简单相加的结果，而是通过一种统整的方法，将相互作用的各种文化内容整合起来。课程设置仍以主流文化的人、事、物为主，但多元文化的观点应渗透学校全部的显性与隐性课程。课程内容应反映所有族群的贡献，有助于学生全面理解非主流文化族群的文化、民族以及性别特征，形成学生跨文化交往的知识、技能，在表述各族群的历史、文化、政治、社会状态时，避免歧视性的、带有成见的语言、文字、插图，使所有学生都感到自己处于同等重要的地位。在涉及历史及当代重要的、有争议的社会问题时，力求以一种多元的、开放的方式进行分析和讨论。课程应考虑到非主流文化族群学生的学习习惯、风格、认知及语言。学生则立足本民族文化，融入其他各种文化内容，进行全面性学习，从而获得自我发展。

多元文化总是包含了即使是最好的单一化的优点，避免了它的缺点、退化和僵化。学校受种种因素制约，其本身是极其复杂的，同时要面对全民的教育需求，因而其试图以一种模式，去规定和限制它，即使是最好的模式，结果也只能是阻碍它的发展。而一元课程正是单一封闭的，热衷整体划一，即统一的目标、统一的要求、统一的内容、统一的时间、统一的形式、统一的评价标准。于是丰富多样的教育实践失去了活力，丰富多样的个性失去了生命力。虽然这种统一性、划一性符合工业化进程标准化、一体化的要求，但现在工业化已经发展到后工业化水平，标准化让位于个性化，一体化让位于多样化。如果学校课程不能适应这些变化，很好地朝着多样化方向转变，仍然坚持统一的观点，就必然落后于社会的变革，也不能满足学生多样化发展的需要。

因此，学校课程一方面要对既有课程结构进行适当调整或改造，将多元文化内容有机地融入学校教育的网络；另一方面要以选修课程、核心课程、增补单元等方式对课程结构进行重新审视，并在此基础上予以全盘设计，为学生提供使之理解并接受的多种族群文化的课程，培养他们在跨文化环境中的适应能力。

此外，要坚持个性指向。多元文化课程必须克服目前存在的划一性，树立尊重个人、发展个性、培养自我责任意识的观点。发展个性并非放任自流、自由无序，而是尊重每个人的个性特长，充分发挥和培养他们的个性特长，同时让每个学生真正地认识自我个性，同时认识、尊重他人的个性。个性不仅指每个人的个性，而且指每个家庭、学校、社区、企业、国家、文化以及时代的个性。这些个性并非毫无关联、孤立存在，只有真正地认识自我个性，培养和发展它，并做到尽职尽责，才能更好地尊重和发挥他人个性。个人的尊严、个性、自由、自律、尽职尽责等是一个不可分割的统一体。只有了解自己的个性和他人的个性，才能更好地尊重并发挥自己和他人的个性。

这要求建立新型的课程实施形式，使知识的被动接受和灌输让位于适合个人特点的主动学习，教师权威式教学让位于交流式教学；建立民主平等的师生关系。实行有效的民主管理，而有效的民主管理主要不是依靠教师、管理人员和官员，而是依靠包括教师、学生、家长、专家、行政人员、有关社会团体在内的所有人员；强化教育的变革，经常反省教育的目标、内容、方法，根据实际做出修改，保持进取、创造和更新的活力。要满足所有人基本的学习需要，学校课程就必须在多样化和个性化上做出必要的选择。而多样化与个性化是一个问题的两个方面。多样化是从数量上保证个性化实现，个性化是从质量上促进多样化发展。

第三节　多元文化社会中的英语教师角色

从文化生态学的角度来看，在一个多元文化的社会里，教育应具有多样性，教育要适应不同族群、不同层次的人的多方面需要。多元文化教育因其适应多元文化社会的特性，得到了较大发展。多元文化教育源于一种追求平等的社会公正，包含了这样一个理念：所有学生都应该有一个平等的学习机会，无关他们的性别、社会阶级、民族或文化特征。这种平等的学习机会显然不仅是入学机会的平等，而且是能同等地获得学业成功的机会。推进学校的多元文化教育是一场整体的改革，课程和教材是核心，而与学生有较近的人际互动关系的教师则起着关键作用。

只有具有多元文化教育观的教师，才能发展适应多元文化社会的教育。与强调主流文化、强调知识的科学性和真理性的教育不同，多元文化社会中的教育应重视各群体次级文化的价值，以尊重和接纳代替偏见、压制与排斥。相应地，教师也不再是知识权威和真理的传授者，而是被赋予了新的角色。因此，多元文化首先对教师提出了新的要求和挑战。

处于 21 世纪，人们的信念、价值观、生活条件、理想以及生活方式呈现出多变性、复杂性、多元性。在这样的现实中，学生的生活成为一种偶发性的经历，是不确定和无法预测的。教师正与一群来自多元化的背景和有着不同的广泛经历的学生生活在一起。

一、教师是学生的关怀者

关怀是人的一种基本能力，在人与人相互交往时能转换成一种行为模式。关怀在教育环境中不一定是可见的，但它能指导学校和教学中的交往与组织。教师有责任去关怀来自不同文化和语言背景的学生，他们应致力创设一种体现社会公平的教育制度，将学生的学业、情感及社会需要置于教学中心。多元文化社会中的教师应该有一种教育信念，每个孩子都有内在的学习需要，要培育所有语言和文化背景的学生的高成就动机。

不关怀学生的教师培养不出能关心他人的学生，而充满关怀的教师能让学生的生活发生变化。当教师展示他们对学生的关心，以一种亲切的方式教学，给学生设定富有挑战性的期望时，学生会做得很好。学生在教师的关怀中能得到成功的体验，孕育成功的希望。

通过师生间的交往培养价值观的重要性。教师与学生的交往关系影响着学生对学校的看法、学生在教室的表现以及完成家庭作业的情况。教师是很多学生生活中的重要榜样，通过交往，教师能确认学生的文化身份，并给学生提供更好的学习环境。

关怀还体现在教师对学生的期望。教师对所有学生都应该怀有高而现实的期望。高期望是实现教育平等的一个先决条件。正如“如果教师要提供平等的学习机会，他们对学生成功的期望就必须是积极和平等的”。罗森塔尔认为，积极的自我效应将最大限度地提高学生的学业成就。教师要与学生形成温和的社会情绪关系，对学生的成绩给予更多反馈，教给他们更多材料，给予他们更多的机会去做出反应和提出问题。教师必须时时反省自己的关怀是否有偏向，必须客观地评价每个学生。教师要成为挖掘学生内在潜能、关怀所有学生、促进学生成就动机发展的人。

二、教师是多元文化的理解者

如何唤起学生的多元文化意识，培养学生的跨文化适应能力？最重要的就是要求教师具有多元文化的运作能力。为了适应社会的多元化发展，教师应摒弃狭隘的文化本位主义，树立多元文化的观念，对不同的文化传统和语言有所了解，认识到文化之间的差异。当教师遇到与自己文化背景不同的学生与社区文化时，如何理解这种不同的文化，能否将自己的文化对象化，是一种处理文化差异的能力。这种能力是多元文化社会中的教师必需的。教师只有具有一种对他文化的理解和认识能力，能够倾听一切文化群体的需要，才能在教育中不埋没任何一个人，为其提供平等的学习环境。

教师在教学中须重视学生的生活体验，在日常生活中直接学习，着重学生所思、所感、所知的存在经验，使知识能真正纳入有意义的活动历程，并通过师生互动的理解、沟通和诠释，逐渐建构对自己有意义的知识体系。

我们应该认识到，无论多元文化教育的理想多么美妙，教师都是实现这种理想的首要因素，这不仅指教师要有正确的观念，更要有相应的能力。多元文化教师应具备多元文化教育观，可从以下几点入手。

（1）理解多元历史观。多元历史观是基于对世界观、世界遗产、不同民族（也包括自己的民族）的贡献等几个方面的理解。教师的这些知识可建构学生对多民族和多种民族群体的历史及其当代发展的意识，使学生掌握特定文化的基本价值及其社会化方式，而不只是集中于表面的食物、节日和一些历史事件等。

（2）发展文化意识观。随着世界的“变小”，面对文化矛盾，增进各种文化之间的相互理解至关重要。教师的文化意识应从观念意识（个体对自己已有世界观的认识和意识）和跨文化意识（对多样的思想和行为以及它们如何相互比较、立足其他观点和反观自己社会的思想方式等的意识）两个维度去理解。文化意识的培养是一个渐进的过程，教师在教学中要选择合适的教学材料，及时检查自己的假设、评价、时空概念等，以促进观念意识的良性发展。

（3）反种族主义、性别偏见和一切形式的歧视观。其强调的是破除与性别、民族、民族群体相关的成见，强调人类的基本相近性。在教学中，教师要充分认识到这一点的价值，并建立起道德思考的技能，使自己的理解、态度和行为符合民主理想，如尊重、公正和机会均等。

三、教师是本土知识的传授者

世界的多元化发展也使知识形态的多样性特征日益明显，本土知识的价值逐渐被重视。本土知识是“由本土人民在自己长期的生活和发展过程中所自主生产、享用和传递的知识体系，与本土人民的生存和发展环境（既包括自然环境，也包括社会和人文环境）及其历史密不可分，是本土人民的共同精神财富，是一度被忽略或压迫的本土人民实现独立自主和可持续发展的智力资源和力量源泉”。本土知识对于解决本土问题来说是一种真正有效的知识。数千年来形成的本土知识传统中包含着真正的生存智慧，这种智慧是科学知识不能替代的。本土知识传统的重建是本土社会实现可持续发展和独立自主的重要条件。教育自然要担此重任。

学校教育应该培养热爱本土社会的人。多元文化教育既要培养学生的国际意识和对异域文化的理解，也要注重培养其本土意识；既要培养其参与现代社会发展所需的能力，也要培养其对本土社会的认同、接纳和归属感，使其成为本土文化价值的继承者与传扬者。教师对本土知识的研究、发展和利用，将对培养大批建设本土社会的人才大有裨益。

从本土知识的角度出发，对教师素质提出了新的要求。教师要认识到本土知识和本土认识方式的价值，认识到它们对于学生身心发展和本土社会延续发展的重要意义。教师应该比其他人更敏锐地感觉到本土知识的存在，更重视保存、保护和发展本土知识的价值，并且懂得如何去发掘和研究学校所处社区的本土知识。教师要成为本土知识的专家，就要主动了解本土社会历史发展、地理环境、生活方式、文化形态等方面的内容，以增进对本土社会的认识。

在教学过程中，教师应该尊重学生在本土社会中获得的知识，而不是否定和贬抑本土知识的价值。教师可以引导学生比较本土知识与书本科学知识这两种知识体系，理解它们与各自赖以存在的本土社会境域之间的内在关联，培养学生成为能将各种知识和认识论融为一体，从而创造出新的认识方式和知识体系的人。

四、教师是多元文化教育环境的创设者

教师要致力创设多元文化的教育环境。在多元文化的教育环境中，关怀及文化共享的程度能产生更高层次的成就。教师要在文化和语言方面创造积极的学习环境，增强学生的成就动机。有学者认为，关怀型的教室有以下要素：教师移情、积极的教室气氛、信任关系，并且相信这些特征能形成有效的学习环境，学生就能在这样一个充满支持的环境中形成高自尊和授权感。仅仅注重低层次技能训练的教师和教师中心的课程不可能产生学生的高成就。学校要成为激发学生学习的地方，就要真正创造一种关怀的教育环境，教师则是这一环境的重要缔造者。当然，这需要教师具有很多专业技能，但是教师不能忘记，每个学生都是独一无二的个体。教师否定的目光和消极的词语对学生有极大的摧毁力，而教师肯定的目光和肯定的话语却有着使一个学生充满自信并获得成功的威力。

首先，教师要建立与学生的信任关系。师生间的关系是影响学生成绩的主要原因之一，文化间的差异和教师的偏见易造成相互间的误解和隔阂。一旦这种疏离的关系形成，将对另一群体——学生的自我观念产生影响，使学生受到挫折。多元文化教育取得了较大成功的原因是教师与学生及家长建立了一种牢固的信任关系，并且强调学业成绩对每个学生的重要性。师生间信任关系的建立能够消除文化差异带来的隔阂和不良期望。当师生彼此信任时，他们之间才能进行平等对话。教师应以一种倾听的心态了解学生，通过个人故事的讲述、家访、电话、书信等方式与学生建立信任关系。学生感受到教师的信任，信任激发了学生，就能使他们对自己的前途和发展充满自信。这种强烈的信任关系能够支持学生发展健康的文化身份和较高的自我学业观念。

其次，营造一种积极的家庭式的氛围。教师要致力提供关怀和尊重的教育环境，以保护学生的家庭语言和文化。教师要充分理解学生的文化背景，不断寻找相关信息，将其自然地整合进教学氛围和课程。教师只有是一个多元文化者，才能了解学生所处的文化环境，理解学生的非语言行为和文化价值观。教师只有从多种视角理解文化，才能提供适合每个学生的教学

策略、动机模式和内容。教师应该抽取并利用学生入学前已有的概念体系，而不是去替代它们。教师要在学校里创设一种较强的家庭氛围，从而减少由文化断层造成的学生适应困难。

五、教师是行动研究者

教师的专业化发展要求教师成为研究者。教师作为研究者的方式有两种：一是教师将研究者提出的方案用于解决实际问题，以便改进自己的教学，观念上的转变先于教学策略的变更；二是教师针对某些实际问题改变自己的教学方式，在解决问题的过程中自我监控、评价，教师最初对问题的理解能够在评价的过程中得到修正和改进。多元文化教育的特点更强调教师作为研究者的后一种方式，即行动研究。行动研究强调实际工作者的参与，注重研究的过程与实际工作者的行动过程相结合。研究的民主化体现了多元文化尊重不同主体的要义。行动研究的目的是解放实践者，提高他们的行动能力和行动质量，改变他们所处的现实处境，因此研究的问题应来源于实践者的日常生活和工作。

在多元文化社会中，每个教师所处的具体情境及与学生的文化差异是不一样的，教师要充分考虑自己所处的多元文化背景、学生的次级文化以及社区文化。由于文化差异容易造成教师教学方式与学生学习方式之间的隔阂，从而导致教育处境不利的学生学业失败，教师应对自己的教学方式进行反思，在教学中研究，力图改善教学活动，激发学生的学习兴趣，有效提高学生的学习动机。

实施“计划—行动—观察—反思”的行动研究过程，目的在于发展新的教学实践或改善课程的限制。教师在行动研究过程中，集研究、自我反省、实践等角色于一身。作为行动研究者，教师的教学实践为自己的研究提供了具体的观察情境，多元文化教育中的教师应“在教学中研究，在研究中教学”。在多元文化的教育教学情境中，教师面临的问题是如何提高不同文化群体学生的学习成绩。每个学生都有自己独特的学习方式，教师的教学不但要建立在此基础上，而且要帮助学生发现他们自身特殊的学习方式，以使他们更有效地学习。如何提高学生的自我观念、如何促进不同文化背景的学生合作学习、教学如何适应学生的学习方式等都是教师在教学行动研究中的着眼点。此外，行动研究在课程领域中的应用也是多元文化教师需要关注的重点。课程是实现多元文化教育的最有效途径，课程行动研究将推动多元文化教育课程革新。许多教师忽视了学生的低学业成就，认为历史文化、文学和仪式才是多元文化教育的重点。但仅仅呈现孤立的文化要素对学业成就没有影响，教师要开发综合的指导课程以满足学生的特殊需要，并提供给学生个别而特殊的反馈。校本课程的深入开发赋予了教师极大参与课程发展、从事课程行动研究的空间。处于本土社会中的教师可开设一些与本土知识有关的特殊课程或课外活动，促使学生了解本土知识，热爱本土社会。

多元文化教育需要教师具有多元文化的视野和运作能力，这样才能帮助所有学生适应学校生活，并培养他们的跨文化适应能力。但目前的教师教育远没有将培养多元文化教师提上日程。探讨多元文化社会中不断丰富的教师角色内涵对于教师教育改革也有启示作用。

（一）更新培养观念

长期以来，教师教育培养的是熟悉主流文化传统、传播科学真理的教师，而不是具有多元文化眼光、认识不同文化群体、尊重异域文化的教师。教师教育中多元文化观的缺乏致使培养出来的教师多元文化教育意识淡薄，没有认识到多元文化教育是一种理念，是要让所有学生接受同等的教育，是要帮助教育处境不利的群体发展更积极的态度以及文化价值取向。原因之一是，教师教育没有培养出来能够执行具体策略的多元文化教师。很多教师，尤其理科教师，认为自己与多元文化教育无关。这些教师没有认识到科学或数学中更高层次的哲学和认识论的问题。

教师教育要更新观念，要将培养具有多元文化教育观的教师纳入培养目标。多元文化社会中的合格教师除了必须具备扎实的教育专业素养与学科专门知识外，还应具备基本的文化人类学素养以及多元文化教育的智能。教师教育必须帮助未来教师更清楚地认识多元文化教育对他们各自学科领域和教学情境的意义，发展他们对文化差异的正确认识及尊重多元文化的态度，养成设计多元文化教学情境的能力。要真正实现这样的培养目标，改革师资培养的课程设置是关键。

（二）设置多元文化视野的课程

师资培养的课程一般包括基础课程、教育专业课程和学科课程。我国目前的师资培养基础课程和教育专业课程中，很少有关于人类学或多元文化方面的科目，教师教育课程着力培养教师良好的教学能力，却较少顾及文化差异的问题，忽略了教师如何妥善处理多元文化教育情境的能力。这样的课程培养出来的教师，当处于多元文化情境中时，往往没有足够的知识解读学生的次级文化，可能缺乏正确的态度建立师生关系，也缺乏解决文化差异、矛盾与冲突需要的专业智能。

要适应社会多元化的发展，师资培养的课程改革可考虑以下建议。

第一，在师资培养的基础课程中增设人类学、历史文化等课程，目的在于奠定师范生对于不同文化及关系的基本认识基础。在基础课程中还可开设不同民族的音乐、美术及其他艺术形式的选修课，增加师范生对于不同民族生活文化的认识。

第二，在教育专业课程中增加“多元文化教育”课程，目的在于发展未来教师的多元文化性，促进其理解和学习如何面对文化的多元性，并且欣赏和接纳不同文化间的差异。还要加强有关教育研究方法的课程，尤其是人种志研究、行动研究等研究方法的探讨和训练，以增进未来教师对学生次级文化、师生关系、班级气氛的观察与理解，协助教师提升其处理文化差异的能力。

第三，在教育实习方面，应增加到多元文化背景的学校去学习和实践的机会，以增强师范生未来从事多元文化教育的适应能力。

尽管提出以上建议，但是要真正实施，仍面临很多问题，尤其缺乏教师和教材。培养未来教师多元文化教育的专业能力也是一个无止境的过程。我国是一个多民族和多元文化的国家，如何发展我国的多元文化教育在当今的时代形势下尤为必要和迫切，教师应在传统角色的基础上丰富多元文化的教师形象。

第四节　多元文化背景下英语教学的发展趋势

寻求多元文化教育的学校立足文化多元主义，以提高民族、种族意识的课程为特色，引进双语教学。可见，双语教学是一种多元文化教育的重要手段。

一、多元文化教育与双语教学

多元文化主张各种各样的人都能平等地参与社会生活，同时自由地保持和发扬自己的文化。多元文化教育是指在多民族的多种文化共存的社会背景下、在维护整个国家的一体化——团结、统一前提下，通过改革全部教育环境，使各民族的文化共同平等发展，以丰富整个国家的文化，学生在其中享有同等和学术公平的教育。多元文化教育是一种个性化教育。现实生活中，每个个体都有自己的特点，在教育中必须面对这些事实，要在教学中发展学生个性。

双语教学是多元文化教育的基本前提。有学者对双语教学做出这样的界定：第一，仅仅使用一种语言，而这种语言并不是学生的第一语言的教学，不能称为双语教学；第二，即使学校系统在官方并不被认为是双语系统，但学生在事实上接受双语教学并成为操双语者，可认定为是双语教学；第三，双语教学既不包括同一种语言的两种变体的特殊情况（如标准语形式与方言形式），也不包括学生的语言是教育系统使用语言的方言形式这种十分常见的情况；第四，一种教育系统，其课程中列有其他语言的教学科目，不能称为双语教学系统。双语教学不是两种语言的机械相加，而是在两种语言教学同时进行的条件下构成的有机整体。双语教学的任何一方都要在与另一方的联系中设计和实施。反之，就不是完整意义上的双语教学。

二、多元文化背景下双语教学的特点

根据我们对双语教学的认识，多元文化背景下的双语教学具有跨文化性、平等性、差异性和生成性等特点。

（一）双语教学的跨文化性

双语教学不同于单语教学，单语教学以一种语言为媒介，对学生主要实施一元文化的教育；而双语教学则以两种语言为媒介，对学生进行多元文化教育，其目的是不仅要把学生培养成懂得两种不同语言的人，还要把他们培养成与两种语言相关联的跨文化人。语言与文化既有密切的联系，又互相区别。语言是一种文化，而且是最初始的文化。但语言只是文化的组成部分，是文化的一个方面，并非文化的全部。双语教学中，学生在习得一种民族语言的同时，也是在习得这一民族的文化，以及这一民族的文化内容和文化传统。所以，双语教学具有跨文化的特性。

（二）双语教学的平等性

多元文化教育是一场为提高一系列不同文化和不同种族的教育平等权利进行的教育改革运动。双语教学是实施多元文化教育的重要手段，它必然要打上教育平等的烙印，体现出平等性的特点。其表现为，双语教学中两种或两种以上的语言是一种共生共在的关系，两种或两种以上的教学用语是平等的，不存在主次之分。双语教学不仅是双语言的学习，而且是两种教学用语的使用，即要使双语教学充分显示其在两种文化背景下的语言性质及语言价值，否则就不是真正意义上的双语教学。

（三）双语教学的差异性

双语教学虽然具有平等性，但是存在差异性。首先，两种教学用语在时间分配上具有差异性。在双语教学活动中，要在规定时间内完成一定的教学任务，如果两种教学用语平均用力，就会使教师无所适从，使双语教学陷入困境。这就要根据各地的实际情况，灵活使用两种教学用语。其次，双语教学方式具有差异性。我国双语教学难以整齐划一，不可能采用一种教学方式。从全国范围来看，民族教育有其特殊性，在民族教育内部，各地各民族又各有特点，因而必须从实际出发，采取不同的方式进行双语教学。通过双语教学保持民族间的文化差别，并使各民族拥有自己的文化，通过双语教学的课程设计反映其价值体系。

（四）双语教学的生成性

双语教学的过程是学生两种语言知识建构、能力发展以及师生情感交流、思想碰撞、个性张扬和精神交往的过程。在这一过程中，学生突破原来单一的思维方式和认知结构，建构新的知识，生成新的意义，培养和形成新的情感、态度和价值观以及自由、民主和平等的精神与理念。双语教学过程不再是一个客观文本的解读过程，而是师生双方利用两种语言进行对话、交流、理解和意义生成的过程。意义不是从文本中直接显示出来的，而是从师生与文本的对话中创造出来的。也就是说，“理解”不由“别人”告知，也不由“文本”直接呈现，而是师生双方对话、交流和进行意义建构的产物。在双语教学过程中，学生建构了新的“知识”“意义”和“理解”，从而使不同的个体生成崭新的自我。

第五节　多元文化背景下双语教学的发展趋势

综观国内外双语教学的现状，多元文化背景下双语教学的发展主要有自主化、多样化、整合化和现代化趋势。

一、自主化

就国内外双语教学的现状来看，各个国家、各个民族的双语教学模式都是“以我为主”，越来越重视走独立自主的发展道路，注重弘扬本民族优秀的文化传统。如新加坡政府确立英语为官方语言，华语、马来语、印度语都只是各民族的母语，规定各民族母语和英语为教学用语，进行双语教学。我国采用“少数民族语言授课为主，加授国家通用语文课程”，“国家通用语言授课为主，加授民族语文课程”，“部分课程用民族语言授课、部分课程用国家通用语言授课”等多种教学模式。这些实施模式表现出了多元文化背景下双语教学的自主化发展态势。

二、多样化

多元文化背景下双语教学的多样化发展是历史发展的必然趋势。不仅各国双语教学的发展路径不尽相同，同一国度中各少数民族双语教学的发展模式也是不尽相同的。根据世界各国存在的各种差异和一国之内存在的地区差异，未来，双语教学的模式和方式仍将是多样化发展的格局。

三、整合化

双语教学不仅是学生两种民族语言的学习，而且是两种民族文化的习得。双语教学过程中，如何既让学生学会两种语言，又让学生习得两种文化？这就要求双语教学人员尽量利用各种有效的方法整合课程中有关种族和族群文化的内容。课程内容的整合化将是双语教学发展的一种趋势。

四、现代化

现代社会要求人具有现代化的思想观念、思维方式和行为方式，如具有开放性、创造性、进取心和开拓精神等。双语教学的目的是培养具有现代意识、现代观念和现代行为方式的人，其发展必然回应现代社会的要求，秉持现代化取向。双语教学现代化的核心是人的现代化。人的现代化有四种最基本的品质，即求变化、尊重知识、有自信和开放性。双语教学作为以两种语言为媒介的教学实践活动，需要教师、学生具有现代化的思想观念和行为方式。由此可见，人的现代化是双语教学发展的基本前提。

在英语教学中接触和了解英语国家文化，有助于对英语的理解和使用，有助于加深对本国文化的理解与认识，有助于培养世界意识、加深对语言本身的掌握。在英语教学中不能单纯注意语言教学，还要重视语言文化差异及其对语言的影响。学生只有掌握了语言和文化知识，在实际中正确运用语言，才能在语言交际中游刃有余。

文化教学是一个敏感的问题。跨文化教学不能简单地理解为西方文化的导入，应把握好异域文化知识融入教学的特点和原则，其最高境界是帮助学生正确对待世界各民族文化。如果一位英语教师能意识到英语本族语人说话时的文化内涵，那就更容易帮助学生克服文化障碍，帮助学生将本民族文化和他族文化相比较，达到相互理解、相互尊重的目的。多元文化教育要想在英语教学中得到更好的实施，应树立各种文化都是平等的信念，用辩证的眼光看待各种文化，汲取精华，剔除糟粕。我们的英语教学需要文化教育，因为学生阶段正处在学习语言的敏感期，只要教师在无形之中加以引导和传授文化教育意识，就会在潜移默化中，提升学生的文化意识，发展学生的跨文化交际能力。

第六章　文化差异与英语教学

第一节　文化差异下的英语教学概述

英语教育作为素质教育不可或缺的组成部分，近年来得到了前所未有的重视，尤其我国的英语教育更是引起了社会各界的广泛关注。随着改革开放的进一步深入和对外交流合作的不断扩大，社会对英语人才的需求量与日俱增，同时提出了新的、更高的要求。然而，目前英语教学现状又是如何呢？或者说我们的英语教学是否收到了应有的效果？

应该说，我国目前的英语教学现状存在着许多不足的地方。对一部分学生来讲，尽管他们有着多年英语学习的经历，但是他们中的绝大部分英语学习者对英语的实际操作运用能力很差，不能在具体实践中用所学语言进行顺畅的交流，达不到学习的目的。虽然有的英语学习者能讲出一口语音语调标准、语法结构正确的英语，但在特定的语言环境中又往往碰到一些尴尬的事情，主要表现为与外国人交流时不能正确理解对方用语的意义，听不懂对方话语中所表达的思想，或看不懂文字层面背后的东西，以致在语言交流中产生误解。上述事实是目前我国英语教学中存在的一种普遍现象。造成这种不良情况的因素很多，但最重要的因素是在英语教学中忽略了文化素养的作用或对文化素养的重要性认识不够。

语言作为特定思维模式的外在表现形式，无疑承载着大量的文化信息。语言是文化的载体，是传播文化的主要工具，也是人类用来进行思想和交际的最基本工具。我们知道，语言和文化就如一对孪生姐妹，是互为依存的。语言是反映社会文化的，但语言又不能代表文化。没有离开语言的文化，也没有脱离文化的语言。文化一般是以语言的形式体现的，没有不表现任何文化的语言。21 世纪是一个以知识创新和社会信息化为主要特征的知识经济时代，知识经济意味着对人的文化素质提出了更高要求。因为一个人的文化素质对他的思维方式、道德情操乃至创新能力都有巨大影响。一般来说，一个人的文化素质越高，他学到的知识发挥出的作用越大，当然对社会的贡献也就越大。

作为从事高校英语教学的教育工作者，我们有必要进行深刻的反思和全面的总结，必须正确理解和处理好语言与文化内在的丰富内涵，并在具体的教学实践中适时介绍一些文化背景知识，抓好学生的文化素质教育。这样才能顺应社会发展的潮流，把握时代发展脉搏，正确把握语言教学的规律，培养出合格的人才。

就文化素养而言，它包括对母语文化的掌握和对英语语言文化知识的了解这两个方面。应该说，要娴熟准确地使用所学语言进行对外交流，无论是欠缺中国文化素养还是英美文化素养都是不利的。如何在英语教学中实施好文化素养的培养，成为摆在所有从事英语教学工作者面前的一个重大课题。

过去，每当讲到文化素养时，人们都会偏向强调在英语教学中如何移入英美文化的问题，而总会有意无意地淡化或忽略对母语文化的重视。如前所言，语言与其负载的文化之间有着千丝万缕的联系，没有深厚的文化底蕴，根本不可能获得较强的语言能力。这一点无论在哪种语言的教学中都是无一例外的。

那么，在英语教学中，我们将如何培养出学生良好的语言文化素养呢？这显然不是一个容易回答的问题。一方面，语言文化知识浩如烟海，不是在短时间内就能掌握的。另一方面，对广大英语学习者来说，更重要的是时时注意英美文化与中国文化的差异。追根溯源，汉语文化有着几千年历史，源远流长；而英语文化也可上溯到古希腊、古罗马时代，丰富多彩，各方面都体现出浓厚的西方文化色彩。所以，这两种文化的差异是无处不在、无时不有的。当然，相对来说，学生对母语文化的掌握要相对扎实些。生于斯，长于斯，一直在母语文化的熏陶下成长起来的国民岂能不懂得汉语文化孕育出来的风俗习惯、行为规范、价值观念呢？

除了在英语教学中注重培养学生的母语文化素养外，更重要的是要培养学生的英语语言文化素质，并注重培养他们对英汉两种语言文化差异的敏感性。对异域文化差异的敏感性反映在具体的言语行为中是极为常见的。文化差异敏感性的培养只能是日积月累，不可能一蹴而就。

概而论之，语言是文化的载体，是文化不可或缺的部分。语言和文化不是孤立存在的，而是相互作用、相互制约的。语言又无一例外地受着文化的制约和影响，当然语言也反作用于文化。英语教学的目的是培养学生的英语综合应用能力和跨文化语言交际能力，以适应改革开放和社会发展的需要。要达到这一目标，一方面教师必须向学生传授全面系统的英语语言知识，帮助学生打好语言知识功底，全方位训练他们的语言技能；另一方面教师必须在教学中注重培养学生良好的语言文化素质，不断拓宽学生的文化视野。这样英语教学质量就会得到提高，我们就能培养出大批语言功底扎实、文化底蕴深厚、语言能力较强的高层次应用型人才。

第二节　中西方文化差异在英语教学中的表现

一、中西方文化差异在语言交际中的表现

各国文化千姿百态，不同的地理环境、文化环境、生活环境形成了各自带有鲜明民族特性的文化。因此，在日常交往中，中国人与西方人往往对同一事物的思维、理解、看法和说法不尽相同，甚至差异很大。这种差异也给语言交际带来诸多不便，甚至造成负面影响。

由于中西方文化形态、价值观念有很大差别，对人的尊卑概念的心理感受及表达尊卑概念的方式也自然存在很大差异。

文化习惯不同，中西方人在用词、用句的褒贬含义方面也不一样。

思维方式的不同使中西方人在对事物、观念上的价值取向也存在着明显差异。

汉英文化的思维方式不同。只有把文化素质的培养放在与英语教学同等重要的位置上，并使之贯穿各门英语功课的教学过程，与语言教学同步进行，逐渐培养学生对文化差异的敏感性，才能避免语言学习中的文化干扰现象和

因缺乏文化背景知识而在语言交际中出现的文化休克现象，做到真正意义上掌握英语这门国际通用语言，并准确无误地同人进行交流，达到英语教学的最终目的。

英、汉两种语言分属两大不同语系。英语和汉语具有各自的特点，既有类似之处，又有大相径庭的地方。其中，不同的地方就是不同文化背景造成的差异在语言中的反映。

人们生活在不同的自然环境中，并且生活方式不同，造成了许多文化差异。这些文化差异必然反映到语言当中。

英语教育的教学任务主要就是传授英语基础知识，培养学生对英语的理解能力和运用能力，扩大学生的视野，拓宽学生的知识面。为完成这一教学任务，教师必须向学生传授英语文化背景知识，比较中英文化差异，使学生对主要英语国家的社会、文化知识与习俗有一定了解，增强对文化差异的敏感性，提高英语的理解能力。

二、英汉词语反映的文化差异与理解

我们在理解汉语时根本不存在文化背景知识的困难，但在阅读英语时，文化差异往往给我们造成许多理解上的困难。

英语国家的文化背景和我国很不相同，作为语言的一个组成部分，词语的产生、发展、丰富和词义的演变与其社会历史文化背景是分不开的，所以对词汇的理解涉及有关英语国家的文化背景知识。如果这方面的知识匮乏，理解时就会忽略文化差异，出现文化错误。

在教授英语的过程中，教师应结合词语的文化背景进行对照比较，指出文化差异，让学生尽可能多地了解英语文化背景知识，增强对文化差异的敏感性，提高对词语的理解力。

三、英汉结构反映的文化差异与理解

英语教学应重视对英汉两种语言结构的比较。英汉表达的结构差异体现在排列信息内容的顺序、表述中各环节间的关系、话语发展的趋势等方面

另外，英语的修饰要求把主要意思放在句子开头，“核心词”往往摆在

首位，然后围绕“核心词”逐步发展枝节，形成先正后偏。而汉语的表达习惯则是由表及里，先交代旁枝末节，最后点明主题。英语的定语和状语位置往往是放在修饰的词语的后面，汉语则反之。

当然，词序与汉语大体一致的句子在英语中也有相当大的比例。

否定结构的差异也应引起重视。掌握这些差异之后，方能较好地理解英语的结构。

（1）不同民族的文化传统、风俗习惯以及观念上和心理上的差异会带来语言使用上的差异，如果不了解这些差异，在现实的社会交际中就容易引起误会。

（2）不同文化的人对事物的表达方式也存在差异。

可见，英语教学中，教师要重视文化差异，重视文化干扰对英语教学的影响，有针对性地介绍西方文化习俗，并将其与英语教学紧密结合起来，充分调动学生的学习积极性，逐步培养他们社会文化的认知能力，使其进行有效的交际。

我们认为，将英语与汉语在文化内涵上进行比较，可以把两种语言中有关同一问题的文化差异摆出来。在文化相对比的过程中，要侧重揭示的是哪些文化差异直接影响交际的顺利进行，并设法使学生理解、掌握，在实践中正确运用。

文化差异的掌握及文化交际能力的培养应始终贯穿英语教学过程，我们可从以下两个方面着手。

（1）精读课在传授必要的语言文化知识的基础上，还应在课内创设更多的情境，灵活选择和综合运用，如 role、 play、group、discussion、pair、work、simulation、seminar 等，鼓励学生结合特定语境大量进行双边或多边交际。有时，可分成若干小组多说、多听、多练，以克服班级偏大、人数偏多的困难，也可以借助图片、幻灯片、电影、电视、录像、多媒体课件和其他电教手段或直观教具组织教学，进一步增进课堂效果和文化知识的积累。

精读课除了进行文化差异方面的教学外，更应注重词语的文化内涵差异方面的教学。它是了解目的语与本民族词语的文化内涵差异的有效方法。教师应把具有浓厚文化内涵的词语、习语、谚语、格言、警句、典故等特定的文化内涵介绍给学生，使学生在学习语言的同时了解西方文化。

仅就英汉词汇的文化蕴含而论，教学中既要讲解指示意义和文化内涵都相同的词，又要讲解指示意义相同，但只在一种语言里具有文化内涵的词，更要透彻讲解指示意义不同而文化内涵相同的词。

（2）英语教师应积极指导学生开展第二课堂活动，有计划、有重点、分阶段地带领学生多读一些英语报刊、多听一些英语广播、多看一些原版影视资料，广泛接触和逐步丰富文化背景知识，还应尽可能多地指导学生开展英语沙龙、英语角、英语辩论、英语晚会、专题讲座以及各类单项（口语、听力、阅读、写作、演讲、表演）或综合比赛等形式多样、内容丰富的课外实践活动，力求在多学英语、多英语交际的实践中学好英语、用好英语。

总之，只有在教学中充分挖掘课程中的文化内涵，才能使学生认识到正是多元化文化的存在才使世界丰富多彩；只有达到中西方文化融合，真正做到“入境而问禁，入国而问俗，入门而问讳”，才能使学生形成较强的跨文化交际能力，从而激发学生融入世界的热情，使他们的跨文化交际能力和素质得到全面提高。

至于因社会习惯、生活方式、家庭模式不同而形成的中西方行为差异更是不胜枚举。如果不了解这些社会文化习惯，从本国文化背景出发进行最简单的交际，那么说出来的话即使句子结构正确，也难免引起误会和尴尬，从而影响交际目的。

第三节　中西方文化差异对英语教学的影响

在我国长期的英语教学过程中，大多数教师和学生都习惯地认为，只要掌握了基本的语法、一定量的词汇、语音语调知识，就等于掌握了英语。因此，在教学中，教师往往把主要精力集中在语言知识的传授上，而忽视了文化背景知识对语言的重要作用，培养出来的学生尽管掌握的词汇量很大，语法知识也很好，却缺乏在不同场合恰当使用语言的能力。学生常常出现造句准确但使用失当的现象，在听、说、读、写各个方面也受到很大制约。例如，很多学生诧异在做听力练习时，有时每个单词都懂，但不知通篇说的是什么。很明显，这不是语言本身的问题，而是听者的思维活动与说者的思维活动不同步的缘故。教学中我们都有这样的体会，如果听力材料是大家所熟悉的内容，一般很容易听懂，并能较好理解，但在遇到一些不熟悉或与异国文化背景知识相关的材料时，听起来就难得多了。尽管听懂了字面意思，但是由于缺乏对中西方文化差异的了解，影响对听力材料的理解。如下面一则对话。

A：Please buy two packs of cigarettes for me while you are at the store.

B：I' m not going any store.I' m going to see Aunt Mary， but I will get them for you at the gas station.

Q：Where will the woman stop on her way ?

（A）At a cigarette store　　（B）At a bus station

（C）At a gas station　　（D）At Aunt Mary' s

由于缺乏相应的社会文化知识，不知道国外的 gas station 不仅出售汽油，也出售香烟等日用品这一情况，直接把 C 这一正确答案除掉的学生不在少数。

中西方文化上的不同在词汇上也可以反映出来。学生由于对英语词汇缺乏文化内涵的了解，在听的过程中又无法对一些单词做出合理推测，就体会不到语言信息以外的含义。例如，学生会将“There are still some dry states in the United States”（在美国尚有几州禁酒）误解为“在美国还有几个州十分干旱”，将“She prefers dry bread”（她喜欢无奶油的面包）误解为“她喜欢干面包”等。

由此可见，不了解中西文化间的差异，只把单词的意思生搬硬套，是无法真正掌握英语，达到文化交流的目的的。我们在教学中除了要强调听、说、读、写四要素外，还要帮助学生了解西方文化背景知识。

在英语教学中，要充分利用现代化的教学手段，让学生最大限度地接触一些英美本土文化信息。我们知道，对异域文化的敏感性主要来自两种途径，即直接途径和间接途径。直接途径当然是要到异域文化中去生活、去体验，通过直接接触的方式获取文化信息。这对中国大部分学生来说显然不可能，所以在此不再赘述。而间接途径则很多，这些途径包括课堂学习、课外阅读、观看一些英文图像资料等。这里需要特别强调的是，由于课堂教学的局限性，教师应该花精力指导学生开展形式多样的课外学习活动，阅读一些介绍有关英美文化背景知识的书籍，特别是要借助先进的现代化教学手段，加强学生的语言听说训练，直接在英语学习中给学生介绍一些英语文化背景知识。

观看一些英文原版电影录像是一种非常有效的、提高文化差异敏感性的方法，因为大多数英文原版电影录像都是由英语国家的人演绎的，所以这些音像资料具有浓厚的英语文化气息。通过这种途径，我们不仅可以学到一些地道的英语，还能了解到许多风土人情以及一些特定情境下的言语表述行为。对英语学习者特别是对那些在相对缺少英语语言环境下学习英语的人而言，最大的憾事之一就是他们从课本里学来的英文知识往往与现实生活中的语用实际脱节，甚至产生笑话。由于受书面语以及正统的学究味十足的表达方式的影响，很多学生及英语语言工作者都过于拘泥语法形式而不够灵活自如，在交谈中让对方感到很不自在。

我们可以采用灵活多样的课堂教学方法培养学生学习文化知识的兴趣，同时帮助学生树立持久的英语学习态度。学生是教学的主体，传授的知识要由学生加以理解、吸收，能力的培养主要靠实践来实现。在教学中，要结合具体教学对象的学习实际采用行之有效的教学法。教无定法，贵在得法。所谓贵在得法，指的是教师应根据教学内容和学生特点，在课堂上灵活变换自己的教学方法和教学手段。教师应当在培养学生的学习兴趣和帮助他们养成良好的学习习惯上下功夫，即主要是教会学生学习方法。有的学生抱着“一本教科书的思想”，整天抱着课本去啃，一味地死记硬背，记住了英语的一些条条框框，但应用能力不理想，究其原因，还是学习方法问题。语言学习重在实践，一定要活学活用，一定要常开口，正所谓“Open your mouth, open the door to success”（张开嘴巴，你就开启了通向成功之门）。此外，英语学习是一个漫长的过程，文化信息更是需要日积月累，这是由英语语言学习的规律决定的，只有持之以恒地学习和进行大量的实践训练，才能获得娴熟驾驭英语语言的能力。法国著名教育家保罗·朗格朗提出的终身教育的思想，基本内涵就是强调教育要贯穿一个人的一生，教育应该渗透个人和社会生活的各个方面，无时不在，无处不有。英语教学更需要提倡终身教育，每个从事英语学习的人都要有坚持不懈、持之以恒的学习态度，唯有如此，才能学好英语。

英语教学要把讲解语言知识和介绍文化背景知识、比较中英文化差异有机地结合起来，充分发挥文化背景在教学中的积极作用，培养学生对文化差异的敏感性。

一、介绍文化差异，提高学生的文化感悟力

在英语教学中，教师应介绍文化背景，使学生了解英美等国家的实际，学会在适当场合用适当英语表达自己的思想：通过介绍文化背景，比较文化差异，让学生明白不同的文化、不同的语言有着不同的表达方式。

通过文化差异的比较，学生会在头脑中形成一种潜在反应能力，这种能力就是通过语言这一载体对英语反映的文化内容的综合性的理解能力，也就是我们常说的文化感悟力。例如，我们一见到或听到“black tea”，头脑中出现的不是“黑茶”，而是中国人常喝的“红茶”等。这种能力的培养和提高需要教师在教学过程中不断采用中英文化差异比较的方法。

二、比较文化差异，培养学生对文化差异的敏感性

介绍英语国家的文化背景，培养和增强学生对中英文化差异的敏感性是英语教学的一项主要任务。如果忽略或轻视了这一点，就会造成只教授语音、语法规则、词汇这些纯语言知识的局面，会影响学生的语用能力，使学生不能够恰当、准确、灵活地运用英语进行交际活动，甚至会犯文化差异引起的错误。例如：

Your English is very good.

No, I don’t think so.My English is very poor.

这样的回答，英美人士听后会不知所云。主要问题在于答句是按中国文化习惯对赞扬进行回答。语言上没有错误，但不符合英语社会的文化性常规。这种由文化差异引起的错误比语言性的错误更严重，更应引起重视。

三、介绍文化差异，提高学生的交际能力

每种语言都有自己特有的交际模式，所以，在英语教学中对于交际文化项目要给予说明，比较差异，时常提醒学生注意英语国家所特有的交际文化模式。

四、比较文化差异，调动学生的学习兴趣

兴趣就是人对某事物具有的喜好的情绪。当一个人做自己感兴趣的事情时，会投入全部精力，专心致志。所以，无论做什么事情，首先要培养自己对其有浓厚的兴趣；其次发挥自己的主动性，采用适当的方式方法，这样才有可能获得成功。学习英语也是如此。

这里所说的兴趣主要是指学习兴趣。学习兴趣可以分为直接兴趣和间接兴趣。直接兴趣是由学习过程本身和知识内容的特点直接引起的，间接兴趣则是由学习结果的有用性产生的。培养学生的直接兴趣是英语教学必须考虑的一个方面。我们只有不断改进教学方法，增加新的教学内容，将趣味性贯穿教学过程，才能调动学生的兴趣，激发学生的学习热情。

文化差异的对比，无论是方法上，还是内容上，都有助于调动、培养学习的直接兴趣。介绍文化背景，比较文化差异，不限于就课文讲课文，而是通过语言看文化，通过所学的语言材料了解其中包含的民族文化语义，把枯燥无味的词语解释、结构分析等变得有滋有味、生动活泼，这样就能引起学生极大的学习兴趣，使学生既学到了英语语言知识，又领略了英语民族的传统文化。

综上所述，英语教学离不开文化背景的介绍，以及中英文化差异的对比，文化差异的对比在学习英语中起着不可忽视的作用。除在教学中介绍文化背景、对比文化差异外，我们还可以通过让学生阅读英语文学作品、报纸杂志，观看原版电影、录像、戏剧等去了解英语国家的文化。这样可以使学生受到英语文化环境的浸润，在潜移默化中感受英汉文化的差异，以此丰富学生的社会文化知识，增强学生对英汉文化差异的敏感性，提高学生的文化感悟力和交际能力等教学目的。

第四节　英语教学中加强文化差异知识传授的对策

语言是文化的一部分，是文化的载体。语言与文化的关系密不可分。语言是学习文化的主要工具，人在学习和运用语言的过程中获得整个文化。由于东西方社会是在不同文化的基础上形成和发展的，人们的思想、信仰、习俗等都存在不同程度的差异。我们学习英语时不可避免地会接触到这些差异。如果不了解英语的文化背景，就无法正确理解和运用英语。

为了培养学生的跨文化交际能力，使其对所学语言材料有全面了解，英语教学应注重文化知识的传授，这在英语教学界已形成共识。文化知识是一个国家、一个民族约定俗成的。如果不是有意识、有目的地去学，那么是很难了解和掌握的。由于东西方文化差异较大，在我国的英语语言教学中，文化知识的传授显得尤为重要。在我国，广大教师已开始认识到文化知识的传授在英语教学过程中的重要性，但在具体实施过程中还存在很大空间，进展也不平衡。另外，我国目前的大学生也存在着英语交际能力稍差的问题，大多数学生在和以英语为母语国家的人交流时，往往会产生误解和困惑，甚至导致交际失败。

因此，在英语教学中不仅要让学生掌握语言基础知识，还应当加强有关文化背景知识的传授，养成良好的思维习惯，把英语学“活”，达到英语教学之目的，有助于学生融东西方文化为一体，提高文化修养。只有让学生同时掌握以上两种知识，英语的社会交际功能才能得到充分发挥。这正是母语教学与英语教学的根本区别。只重视前者，而忽视后者，往往会造就出不能随机应变的学生。由于这些学生的英语是在不具备社会和文化环境的情况下学习的，一旦面向社会，进入一种陌生的文化环境，在实际运用语言的时候，就会遇到许多困难，甚至无法进行正常的交际。

在英语教学中导入英语的文化内容与汉语文化的有关内容进行对照，是我国英语教学界近年来取得的一个新收获，也是不少专家学者及英语教学人员的一个共识。那么英语教学中究竟应该导入并对比哪些方面的文化内容呢？我们认为，习俗文化、思维文化、心态文化、历史文化、体态文化五个方面的内容是应当导入并加以比较的。

一、习俗文化

习俗文化也可称为“语用文化”，它与日常生活和社交活动中的社会风俗、习惯紧密相连。

（一）称谓与称呼

英汉两种文化在这个问题上的差异是显而易见的。在汉语文化中，称谓是分析型的，而在英语文化中，称谓是模糊笼统的。一个英语单词 cousin 可以对应八个不同的汉语称谓，而 aunt 及 uncle 也可分别对应八个不同的汉语称谓。

在称呼问题上，汉文化一向认为小的、年轻的应该尊敬老的、年长的，这又与社会伦理道德有关。当称呼一个比自己年长的人时，我们常常说老张、张先生、张师傅、张老师、李大娘、王大嫂、何大妈或张阿姨等，而在家庭成员之间，不称爷爷、奶奶、爸爸、妈妈、哥哥、姐姐是断然不行的。但在英语文化中，除却在正式场合称先生、太太、小姐之外，相识的人之间不论男女老少，都可直呼其名，并认为是一种亲密的表示，即使在一个家庭内，子女也可直呼父母的名字，而这在汉语文化中是无论如何不能接受的。

（二）敬称与谦称

汉语文化中表示敬称的词语很多，择要而论，它们有某君、某老、某翁、某公等。最简单、最普通的是“您”（英语只有一个 you）。另外，还有称他人的论著为“大作”，称他人的父母为“令尊”，称他人的子女为“令郎”“令爱”之类的表达法。此外，还有用“贵”来称呼对方的，如“贵厂、贵公司、贵方、贵校、贵国、贵体、贵姓”等。而在谈论自己或本单位时，我们习惯上说“拙文、拙见、拙著、鄙人、在下”等。所有这些敬语与谦称在英语中是找不到等同语的，这是英语中敬语谦称较少且不注重的缘故。

（三）问候与寒暄

一大早，两人相遇打招呼，中国人习惯说“吃饭了吗？”“啊，老王，你早。”“你到哪里去？”等。可是这几种寒暄用语在英语文化中可能引起误解乃至反感。比如，“吃过饭了吗？”这个句子本身无任何特别意义，只是用于寒暄、引出话题而已，相当于英语会话中问及天气情况的寒暄句一样。但是，这个寒暄用语（Have you had your breakfast？）在英语文化中则意味着你邀请对方去吃饭。在未婚青年人之间，如果发话人是一位男子，受话人是一位女子，那么又意味着这男子对女子有意，欲与其约会。同样，“你早啊！到哪里去？”等汉语寒暄用语也是不能被英语文化接受的。

（四）致谢与答谢

汉文化与英语文化在致谢方面基本相同，只有一点例外，那就是在汉文化中，关系密切的人之间几乎不用道谢，这一点在家庭成员中尤为突出。但在英语文化中，即使是关系非常亲密的人之间，致谢也是必不可少的，如父子之间、夫妇之间等。在答谢上，汉英语之间的差异不大，但在英语文化中，道谢用语 Thank you 已超出了致谢的范围。比如，在你向对方表示感谢之后，对方甚至会说 Thank you。如果碰到这种情况，你不必大惊小怪或迷惑不解。

（五）告别

在汉语文化中表示告别一般用“再见”，这与英语文化中的告别用语无甚两样。但有时我们也说“走好，路上当心，请多保重”等，这与英语里的 take care 等也几乎是等值的。然而，当我们说“慢走”或“请留步”时，英语中恐怕就没有与此相对等的表述了。汉英两种文化中有关告别的方式不尽相同。在英语文化中，如果客人想告别，通常要提前几分钟将告别的意思暗示或委婉地表达给主人以征得同意，然后才可以离开，如果突然说“时间不早了”，而后站起来告别主人，那么在英语文化中是不礼貌的。而这一点在汉语文化中是可以接受的。

（六）称赞方面

中国人素以谦逊为美德，所以当某人夸奖或称赞自己时，我们总是要说“哪里哪里，您过奖了”或“我还差得远呢”等。然而，在英语文化中，当某人受到夸奖时，他会很高兴地说上一句 Thank you。

二、思维文化

不同的民族不仅有不同的语言，也有不同的思维。思维方式的差异在文化及语言中的种种表现，我们称为“思维文化”。综观说英语和说汉语的两个民族的思维方式，其相映成趣、形成鲜明对照的差异主要有下列几组。

（1）说英语的民族从小到大，而说汉语的民族则从大到小。

比如，日期的表达。

1988 年 5 月 24 日：24 May，1988

比如，钟点的表达。

下午 3 点 12 分：12 minutes past 3 p.m.

又如，“大中小城市”的英文说法是“small, medium sized and large cities”（变成“小中大城市”）。

（2）说英语的民族“轻在前、重在后，弱在前、强在后”，而说汉语的民族则多“重在前、轻在后，强在前、弱在后”。

救死扶伤：heal the wounded and rescue the dying.

无地和少地的农民：the peasants who have little or no land.

我和约翰、玛丽：John， Mary and I.

一张木质小圆桌：a small round wooden table.

（3）在方位表达上，汉语文化多“横向”，而英语文化则多“纵向”。比如：东南—southeast、东北—northeast、西南—southwest、西北—northwest。

（4）先与后的问题。如中文里的“您先走”，英文不说 You go first，而说 After you；中文里的“新郎新娘”在英语里变成了 bride and bridegroom；中文里的“王先生、王夫人、王校长”在英语里分别变成了 Mr.Wang、Mrs. Wang、President Wang。

（5）写人状物的描述顺序。汉语多为“时间、地点、动作（方式）”，而英语则多为“动作（方式）、地点、时间”。如我们明天下午在老李家碰头：We’ll meet at Lao Li’s home tomorrow afternoon。

（6）时间观念上的差异。比如，用“前”与“后”分别指称过去与未来时，中英两种文化的态度迥然不同。中国人仿佛是面对着过去看问题，因而有“前无古人，后无来者”以及“前所未有”“后继有人”等说法，而英语民族却正好与我们相反。

（1）But we are getting ahead of the story.（不过我们说到故事后头去了——不是前头。）

（2）In measuring forwaids from a point of time in the past，only the following construction is normal.He finished the job in three months.

原译：要从过去某一点时间向前衡量时……

改译：当从过去某一时间点向后算起时……

（3）The verbs in hypothetical conditional clauses are back shifted,the past tense form being used for present and future time reference.

原译：假设条件分句中的动词是后移的……

改译：假设条件分句中的动词是前移的……

三、心态文化

心态文化是一个民族文化的历史沉积，它与民族心理、宗教信仰、社会意识等有着密切关系。不同民族有着不同的心态文化，因而也就有着不同的审美观和伦理道德观等。

（一）审美观念上的差异

一个民族认为是美的东西在另一个民族看来可能不是美的，甚至是丑的，这是两个民族传统文化、民族心理、社会生活方式上的差异在审美活动中的具体表现。就说汉语和说英语的两个民族来说，各自的审美观及审美趣味也是大异其趣的。比如，人们对待胖与瘦的态度。汉民族“以丰腴为美”始于唐代，因此在汉语中说某人“胖了”（发福了）便意味着对他的赞美。

又如，某些动物，在不同的文化氛围里，其美感也是不同的。如喜鹊，喜鹊在汉语文化中给人的印象是良好的，认为它是吉祥鸟，是叫喜报喜的。然而，在英语文化中，喜鹊却是“叽叽喳喳或爱收藏杂物的人”的化身。而在俄语文化中，喜鹊的形象则更丑，人们认为它是“搬弄是非的饶舌者”。

另一个问题是“颜色偏向”问题。马克思曾说过：“一般来讲，色彩的感觉是美感的最普及的形式。”然而，不同民族对不同色彩的感觉是不同的。而在国际贸易中，色彩的重要性则更具现实意义。

（二）伦理道德观上的差异

说汉语和说英语的民族在心态文化上的又一差异反映在伦理道德观中。

如社会伦理道德上的差异反映在下列“三问”中，即“问工资、问年龄、问结婚”。在汉语文化中，这“三问”几乎是会话交谈中的必谈话题。对汉民族来讲，这是很自然的、顺理成章的，也符合社会道德。不仅如此，这“三问”在许多情况下，还表达了问者对听者的一种关怀与理解。然而，在英语文化中，这“三问”犹如社会文化中的一种禁忌，不能触及，因为“三问”的内容都是个人的私事。比如，问工资，在英语文化中，个人收入是纯个人的事情，他人不得问及，所以即使家庭成员之间也不知道各自工资的确切数目。

再一个问题就是“尊老”。比如，在汉语文化里，我们对长者是绝对不能直呼其名的。但在英语文化中，直呼其名习以为常，即使是子女对父母也可以直呼其名。在英语文化中，这不仅符合社会伦理道德，还是一种亲密的表现。

四、历史文化

我们这里说的历史文化是文化的历史发展与文化的历史沉积在各自语言中的表现，尤指一些传统说法、典故、格言、成语等。比如，汉语里的俗语“吃红蛋”（娶媳妇，生儿子），“吃汤圆”（亲人团聚），“月老、红娘”（介绍人），“老泰山”（岳父）。而成语中蕴含的特定文化意义则更加丰富，如“司空见惯”“名落孙山”“四面楚歌”“得陇望蜀”“东施效韆”“牛郎织女”等。而英语中的 Eureka、Black Fiday、blue Monday、face the music、blue stocking、white elephant 等都打着历史文化的烙印，具有一定的历史文化内涵。

更引人注目的是有关成语中出现的现象、喻体的比较。

大海捞针：look for a needle in the hay（草垛中找针）

水中捞月：fish in the air（空中钓鱼）

缘木求鱼：look for the grass on top of the oak（橡树顶上找草）

拦路虎：a lion in the way（拦路狮）

画蛇添足：gild the lily（为百合花镀金）

五、体态文化

不同民族有不同的体态文化。我们这里讲的体态文化包括非语言交际的诸多方面，如身体动作、面部表情、空间利用、服饰以及其他装饰等。虽然有些非语言交际手段与方式随着时代的变迁发生了变化，但在信息传递中，它始终占有十分重要的地位。在国外学者看来，7%的情绪信息由语言传递，其余 93%要靠非语言手段来传递。

（一）身体动作

人身体各部位的动作在一定文化里都载有一定的信息。现择要简述如下。

（1）点头与摇头。在许多国家，点头表示同意赞许、肯定，摇头表示否定、不同意或反对。但在印度、希腊等地，点头与摇头表示的含义恰恰相反。

（2）耸肩。在英、美等国，耸肩膀是人们习惯使用的一个动作，表示不知道、怀疑、冷淡或无可奈何。但在中国，极少有人会使用这个动作。

（3）握手、拥抱、亲吻等。久别重逢，互致问候，不同民族有着不同方式。中国人一般用握手，而在西方，除握手之外，关系亲密者可以拥抱或吻脸。波利尼西亚人则是拥抱与相互擦背。

（4）抓鼻子与嗅鼻子。在北美，用手抓鼻子表示怀疑，而嗅鼻子（turn up one’s nose）则表示轻蔑。

（5）掌心与掌背。在中国，掌背向上，指头里外移动（抬手），表示要对方“来”。而在美国表示要对方“来”时，通常是掌心向上，指头前后摆动。

（二）空间利用

（1）坐着与站着。交谈时，一人坐着，一人站着，通常表示两人间地位不平等。在西方，站着的通常在职位、地位或年龄上要高于坐着的。但在中国，情况恰好相反，坐着的通常在职位、地位或年龄上高于站着的。

（2）距离。两人在交谈时，距离也载有一定的文化信息，如果是陌生人，则距离通常要远一点；如果是亲密朋友，则距离很短，一般在半米左右，一米以内。

（三）面部表情

对比分析表明，英、汉两种文化中有关面部表情反映的喜怒哀乐是相同的。比如，扬眉与英美人的 raise/elevate one eyebrows 是一样的，皱眉与英美人的 knit/contract one eyebrows 是一样的，“拉长着脸”与英美人的 wearing a long face 是一样的，苦笑与英美人的 bitter smile 也是一样的。

（四）服饰

服饰在中国是一门历史悠久的文化，称为“服饰文化”，在此不做深究。

以上我们简要介绍了中西方文化在语言交际中的表现、中西方文化差异对英语教学的影响，并简要地分析对比了习俗文化、思维文化、心态文化、历史文化和体态文化五个方面差异，从中我们可以清楚地看到说英语和说汉语的两个民族在诸多文化因素方面存在着不小的差异。这些差异在很大程度上决定和影响着两个民族间跨文化交际的成败与得失。因为，操本族语的人对外国语学习者在语法和发言上犯的错误比较宽容，而对他们犯的文化错误则不能容忍，因此在英语教学中及时导入文化差异比较方面的内容，使英语学习者尽可能地熟悉与了解另一种文化及其在语言中的反映，不仅对英语的教与学具有导向性的积极意义，而且能在跨文化交际中比较得心应手，少犯或不犯错误，从而提高跨文化交际的质量与效果，更有效地让中国走向世界，让世界了解中国。

因此，在英语教学中，我们应该注意以下几个方面。

1. 加强教师修养，提高综合素质

文化背景知识包罗万象。从广义上讲，它包括所学英语国家的政治、经济、历史、地理、文艺、宗教、习俗、礼仪、道德、伦理、心理及社会生活的各个方面；从狭义上讲，语言是文化的重要载体之一，如常用语、专有名词、成语典故、民间谚语等，以及形体表情等无声语言，都能反映出大量的文化背景知识。要想在教学中传授社会文化知识，英语教师起着主导作用。但目前我们的困难是，一是我们使用的教材缺少相关的社会文化背景知识的介绍，二是我们缺乏系统的、以文化为导向的参考书籍。英美人的语用习惯、文化习惯，词的文化内涵，人名、地名的文化背景，以及文学典故等都有赖于我们不断搜集和积累。这就对我们教师提出了更高要求。我们必须不断学习，不断提高自身的文化修养，探索新环境下指导语言学习的新方法和新技巧，不断更新知识，提高水平，只有这样，才能把英语教“活”。

2. 把握中西差异，注意对比教学

中西方社会文化的差异是教学中的重点。特别是，初学英语的学生总喜欢把母语和英语互译，这种学习方法往往成为以后运用英语的潜在障碍。因此，在教学中，教师不但要对词语的文化背景知识进行必要的解释，而且要同母语进行适当比较，以便使学生了解两种文化的区别，从而掌握正确运用英语的方法。在向学生介绍一些文化背景知识的同时，要重点讲解中西方文化的差异。可见英语教学不能局限于语言本身，而应把所教语言与现实生活中的文化教育结合起来，使学生既掌握一门英语，又掌握一定的文化知识，实现语言教学的最终目的——交际。在教学中，我们还可以利用对比法，将我国的文化特点与西方的文化特点进行比较分析，使学生更清楚地认识到中西文化的异同，以获取对跨文化交际差异的敏感性。

此外，我们还应当注意英美文化的差异。二百多年前，美国英语、英国英语是一家，是同一种语言。但由于近百年的历史、地理和社会政治等原因，同一种英语在美国、英国形成各自的特点，如果不熟悉这些特点，在理解和表达方面就会产生误会，造成麻烦。例如，billion 在美国表示“十亿”，而在英国则表示“万亿”；public school 在美国表示“公立学校”，而在英国则表示“私立学校”（译为“公学”）；等等。

这些习惯表达方式，我们都可以将它们和文化背景以及中、美、英三国之间的文化差异联系在一起，这样就能使学生掌握比较地道的英美英语，而不是“中国式的英语”。

3. 教学中随文解说，进行文化普及

在课堂教学中，应该不拘一格地对语言教材中涉及的文化背景知识进行随文解说，明确其最基本、最重要的文化因素，讲清它包含的文化背景知识。同时，要适当扩展其知识内容，顺便讲一些相关的外国风俗习惯和交际常识等。比如，在涉及 In a restaurant 的对话时，可加入如何 getting people’s attention 的常识：

As the waiter or waitress is going by，raise your hand， palm out， and say “walter” or “Miss” in a voice just loud enough to carry above the restaurant noise.Customers in restaurants do not snap their fingers.

另外，引导学生在阅读文学作品、报纸杂志时留心搜集有关文化背景、社会习俗、社会关系等方面的材料。这样一点一滴，日积月累，文化差异这道鸿沟是可以逾越的。

4. 制定系统大纲，明确导入原则

教师在讲授语言过程中随时阐释遇到文化现象的做法具有随意性，内容也不够完整，缺乏一定的系统性。所以，当务之急是应针对目前英语教学文化导入的相关内容摸索出一整套符合我国实际情况，符合语言学习普遍规律，符合不同学习者需要的原则、方法、手段和措施，制定出相应的教学大纲，明确文化导入的具体内容、措施和导入规则，以满足教师课堂实践的需要，使教师在教学中有纲可依，避免文化导入过程中的盲目性和混乱现象，更有效地提高学生的英语交际能力。

另外，英语中有许多成语、谚语包含着丰富的文化背景知识，教师可以有选择地介绍给学生。这不但能激发学生的求知欲，增加词汇量，扩大知识面，使学生了解西方文化，而且能使学生认识到学习英语不能用汉语生搬硬套，更不能一律望文生义。要学会把外国文化不同的表达方式换成中国的表达模式，即“入乡随俗”。例如，把“shed crocodile tears”（流着鳄鱼的眼泪）译成“猫哭老鼠——假慈悲”，把“You can’t make on omelet without breaking eggs”（不先打破蛋，蛋饼做不成）译成“巧妇难为无米之炊”等。

所以，语言是文化的一部分，而文化又必须借助语言这个工具才能得以记录、保存和反映。不同民族有着不同的文化传统、民族意识和审美情趣，而这些各具特色的文化上的差异，即文化个性，势必会在各自的语言里得到充分反映。从英语教学这一角度来看，重视英汉文化差异的对比分析，揭示文化差异对英语教学的制约与影响，其意义是不言而喻的。可以说，英语学习的成败在很大程度上受到英汉文化差异的影响与制约。因此，在英语教学的各个环节注意适当导入所教语言涉及的文化内容并加以分析对比，英语教学就有可能收到事半功倍的效果，因为语言教学不仅仅是一个纯语言的问题，它还和社会文化息息相关。谁不了解语言当中的社会文化，谁就无法真正掌握语言。

第七章　多元文化下的英语语言知识教学艺术

语言教学有知识和技能之分。这里说的知识指语言的三个组成部分，即语音、词汇和语法；技能一般是指正确使用语言的能力，即听、说、读、写的能力。英语知识中，语音是语言的物质外壳，词汇是语言的建筑材料，语法是建筑的结构框架。没有语言知识，也就无语言可谈。英语知识是培养语言技能的基础，是英语教学的一个重要内容。掌握一门英语要学习一定的语言知识，语言知识的教学目的在于更好地促进英语语言技能的培养。

第一节　英语语言知识教学的原则

一、把握特点，确定重点

这里所说的特点主要指三个方面：一是英语和汉语两种语言之间的突出差异，二是英语语言自身的一些特殊情况，三是中国学生的年龄、心理、个性等方面的个体特征对英语学习的影响。一般来说，我国学生在英语学习中的困难和问题多与上述特点有关。所以，以这些特点为依据确定教学的重点、难点，就较有针对性，易帮助学生扫清英语学习道路上的障碍。

在具体的教学过程中，语音、词汇和语法的教学在不同阶段应有不同的侧重点，但总的来说，重点应放在词汇教学上。因为词汇承载的信息量大大多于语音和语法，而且词汇远比语音和语法复杂。从教学的实际情况来看，学生对词汇学习普遍感到困难较大。语音涉及的各个方面主要通过词汇表现出来，离开了词汇，语音便无所依存。语法是词形变化、词语组合和句子构成的规则，与词汇密不可分。因此，抓住了词汇教学，就抓住了三者教学的关键。

二、多方综合，相互促进

语音、词汇和语法不是相互孤立和对立的，而是一个统一的系统。一方面，该系统中的各要素各有特点、相对独立，但又相互联系、相互制约；另一方面，语音、词汇、语法并不是语言知识系统的全部。就语音而言，音位才是区别意义的最小单位。而音位又是属于某一语言的，一些长元音在汉语中并没有区别意义的作用，但在英语中有区别意义的作用，应当给予特别的重视。all 单个词的词义是“全部”，但在有否定词的句子中是“部分”。从形式上看，“Shall we go now？”是个问句，其实是说话人提了个建议，并不要求对方当成问题来回答。因此，在语音、词汇、语法教学的不同阶段，除了在必要时对某个方面有所侧重外，更多的是多方面进行综合，其中包括基本意义、言语技能、交际话题、功能、策略等方面的综合。只有这样，才能更好地使学生内化语言知识，在运用中学习语言，在运用语言中形成运用语言的能力。也只有这样，才能充分体现语音、词汇、语法的材料作用、工具作用，实现语音、词汇、语法教学的真正意义。

三、相对集中，注意适度

相对集中是指在教学过程中的某个阶段，对某项教学内容采取集中目标、集中时间、集中精力的方法进行以完成阶段性目标为目的的教学。这是一种强化教学的方法。这种方法针对性强，目的单纯，较少受其他方面的干扰，节省时间，教学效果较为明显。语音集中教学不仅为学生打开了英语学习过程中沉重的第一道大门，还为他们以后事半功倍地学习词汇的拼读提供了工具（如拼读规则等）。词汇集中教学有利于充分利用词汇在读音、拼写、词义、用法等方面的特点或共性，对提高学生的记忆效果很有帮助。语法集中教学比较切合高年级学生逻辑思维相对发达的实际，有助于正确和深入地进行阅读理解。当然，集中教学应该“适当”，在确切了解学生基础、全面驾驭教材内容、正确选择时机的前提下进行。

四、突出主体，培养能力

在语音、词汇和语法教学中，教师应激励、引导学生积极主动地参与各项教学活动，注意帮助学生培养积极、向上的良好心理，使他们成为活动的中心。要注意引导学生在学习过程中总结语言规则和学习策略，把工具性的知识（如音标、拼读和构词规则等）作为学习语音、词汇、语法的工具教给学生。这要求教师在教学活动中有意识、有计划、有步骤地培养学生多方面的学习能力。如语音教学中的注意、比较、鉴别能力，词汇教学中的观察、联想、记忆能力，语法教学中的理解、分析、归纳能力等。如果不注意这些能力的培养，就会给语音、词汇、语法教学带来很大困难，甚至造成严重后果。

第二节　英语语音教学艺术

学好语音是学好英语的基础。正确发音使我们能准确、迅速地听懂别人的话，并正确表达自己的思想。如果学不好语音，没有拼读能力，就难以记忆单词或句子，也就很难获得自学能力。如果学不好语音，就没有听音能力，不仅学不好口语交际，就连读和写也会受到很大影响。因此，语音教学是入门阶段英语教学的关键。

一、抓学生语音典型错误

由于英汉两种语言在发音上存在差异，加上受本族语发音习惯的影响和干扰，我们往往会发现学生在发音中的一些难点。教师对其典型错误应该及时做记录。在课外，教师也要尽可能深入学生中去，以便及时了解和纠正学生发音上的问题。

下面是学生在英语单词发音中的某些典型错误。

（1）尾辅音后面加元音（增音节）。

work—（错发成）worker

speak—（错发成）speaker

big —（错发成）bigger

let—（错发成）letter

（2）吞音。学生在拼读中往往把 child 中的 [ai] 吞掉，发成 [ai]；在 join 中，把合口双元音的 [i] 吞掉。

party—part

worker—work

dirty—dirt

letter —let

我们认为，学生的有些发音错误与他们对发音要领掌握得不正确有关，针对这种情况，教师应给予积极的辅导，让学生通过反复实践加以纠正。例如，为了使学生在实践中发准辅音连缀，可以考虑向学生讲解以下注意点。①在念辅音连缀时，第一个辅音要念得轻而短促，以便尽快地向其后的辅音过渡。②第一个辅音未发之前就要做好发第二个辅音的准备。例如，发 [gr] 时，要先摆好发 [r] 的口形和音位：双唇稍突出，舌面呈羹匙状。发音时，[g] 一爆破，[r] 即随之而出，听起来似乎是同时发出的。这样，在各个辅音之间就没有元音可钻的空子了。

如果能在语音阶段及时抓住发音中的某些典型错误，明确症结所在，找出解决办法，对防止某些学生对某些音素的错误发音习惯，做到正确发准每个音是大有益处的。

二、侧重超音段音位的训练

长期以来，语音教学多采用从切分音位开始到韵律单位的词重音和句重音，再到超音段特征的语调教学这种自下而上法为学生打语音基础，但教师和学生在元音和辅音的教和学上花费了过多时间。现代英语语音学的发展以及国内英语音教学的实践证明，在交际中，掌握诸如节奏、重音和语调等超音段方面的知识已成为教学的关键。那么，语流（节奏、重音、语调等方面）教学应成为英语语音教学的重点。

（一）节奏

英语是一种重音记时语言，即每两个重读音节之间占用的时间大致相等，而汉语是一种音节记时语言，即每个汉字（每个音节）之间无论如何调整读音的轻重缓急，它们之间总要占用差不多的时间。

（a）The ‘dress is’ beautiful.

（b）The ‘dress of mine is very’ beautiful.

尽管两句的音节不等，但重音音节数目相等，因此，两句花费的时间就大致相同。很显然，读句（b）中的轻读音节时比（a）中的轻读音节要轻快且含糊。若将两句译成汉语，我们说（b）句所花的时间要长得多。英汉两种语言之间的节奏差异是不言而喻的。英语学习中，汉语产生的负迁移在节奏上表现得最明显，也最顽固，学生把每个音节的力度平均分配，元音强弱混淆，长度趋同。我们在教学中应首先向学生说明英语节奏的特点：①在英语语流中，重读音和非重读音间隔出现，形成鲜明对比；②重读音间隔出现的时间大致相等（近似音乐的节拍）。帮助学生认识到汉语节奏的干扰并克服它，逐渐学会准确分配句子的重音，做到此起彼伏、错落有致，以获得地道、口语化的发音。

（二）重音

英语重音分为词重音和语句重音两类。词重音一般有重读音节、次重读音节和非重读音节之分。每个词至少有一个音节带有这种重音。语句重音是连续话语中被重读词接受的重音，它与重读词的词重音位置基本一致。英语节奏中的重音指的就是语句重音。

在英语语流和朗读中，有的单音节词元音会弱化甚至消失。如 I’m 不读 [aim] 而读成 [əm] 或 [m]。重读和轻读会受到节奏和邻近音的影响而改变，要视不同单词在句子中的相关重要性而定。如 Can he still be living？ can 虽是助动词，在这里却要重读，含义是“我以为他已经不在世了”。four, teen 单独发时有两个重音，但在 fourteen, books 中，受到节奏规律的影响，four–teen 变成了一个重音。这一点应当在英语教学中向学生反复讲清楚并持续不断地加以训练，尤其朗读训练，注意元音的弱化和脱落、连读以及不完全爆破等技巧，决不能机械地去掌握。

（三）语调

英语语调因其自身的复杂性以及汉语语调的差异而成为语音教学的一个难点和薄弱环节。由于汉语是声调语言，即由声调来决定词的意义，汉语的四声属于一个音节中的音高变化，中国学生受母语语调或方言语调的影响，讲英语时习惯用降调，这是不符合英语语调语言习惯的。语调的掌握不能简单以句型而定，碰到一般疑问句或反义疑问句后半部分就读成升调，其他一律读成降调。在实际交际中，语调的语义功能和态度功能不容忽视。语调要根据说话双方要表达的意思而变化。试读："She didn't like them because of their bad looks."这句话若用降调朗读表示："She did not like them and the reason was their bad looks."若用升调朗读则可表示："She liked them"，"but not because of their bad looks"。"Ring me up at seven."中 seven 若用升调读则表示委婉的请求，用降调读则表示命令。

因此，实际教学中，我们应引导学生注意一般规律，对基本语调、声调、声调进行训练。遇到特殊情况，利用包含称呼语、插入语和引语的长句进行朗读训练，使学生认识到它们的调型取决于其在句中的位置，而调型的位置又取决于其语义的重要程度。经过一段时间的语调系列训练后，学生大多会逐渐分析调型结构及其特点，把握好语调规律，正确运用于口语实践。

语调教学必须排除汉语语调的干扰，从英语语调出发，抓住英语语调的特有结构和本质特点。在实际操作中，应注重综合训练，避免简单化、孤立化倾向，强调以句子为单位，在语流即句子和语段中进行。通过语段训练语音，可使学生体会到目的语语调表达的意思的情感功能，进而学习和掌握地道的语调。采用这种方法进行教学的效果明显优于长时间进行孤立音素训练的教学法，因为学生在运用话语进行听、说活动时，必须注意学习情境中各个语音要素的相互关系，它可以让学生在学习自然流利、地道的语音语调的同时，领悟到连贯语流中的语言形象，口语和听力能力也会随之提高。

三、要注意对比

英语初学者往往用本族语言或某地方语言的语音代替正在学习的英语语

音。对于两种语言的似乎“近似”的语音，教师必须在发音器官、发音部位、发音方法等方面予以充分的研究，掌握两种语言的语音之间截然不同的特点，进行详尽的阐述，予以适当的对比。例如，在英语字母教学阶段，针对出现发错音和发音不准的现象，可以把英语字母和汉语拼音字母列表做对比，通过对比，指出二者之间的相似之处和不同之处。在对比中，发音相同的不必强调，发音相似的稍加指点，对于发音不同的则要着重区别和纠正。

国外英语教学中，把英语语音体系里的经常对立，如 bed[e]—bad[æ]、sheep[iː]—ship[i]、great[ei]—greet[iː] 等，作为一种有意义的对立而予以强调，并认为，训练性的练习不应该建立在个别成分的基础上，而应建立在各种对立体系的基础上。我们认为，在语音教学阶段，这种方法能有效地训练学生听音、读音、辨音和辨义的能力，也有利于学生较快、较多、较牢固地掌握语音及分辨其词义。教师应该经常进行诸如 [liː d] 与 [niːd]，[niːd] 与 [riːP d]，[w əːk] 与 [w ɔːk]，[Pɔt] 与 [put]，[sei] 与 [siː]，[plein] 与 [plæn] 的对比性示范发音，由学生进行分辨，再由学生自己练习发音，找出发音方法和发音要领上的不同之处。

四、语音教学的艺术

在语音教学阶段，学生必须在教师的具体指导下，做到有意识、有步骤、循序渐进、由浅入深地进行语音练习。在实际教学中，能调动学生学习积极性的方法颇多，但要根据情况恰当运用，使课堂气氛既活跃，又紧张，达到充分调动学生学习积极性、激发思维的目的。我们认为这是语音教学成功的关键。

（1）诗、歌语音教学法。对于学生来说，单调的模仿、操练是相当枯燥乏味的。诗与歌作为文学之骄子和艺术的宠儿魅力很大。把语音“化”到诗里、“融”进歌里去朗读、去演唱，寓学于乐，备受学生欢迎。

（2）写出含有同一音素的单词法。教师写出一个或数个音素，要求学生在规定时间内，写出含有同一音素的单词，看谁写得最多、最快、最正确。例如，教师在黑板上写出 [u]、[əu] 两个音标，学生随即可以写出：[u]：put、foot、full、book、good 等；[əu]：know、cold、hope、no、home、coat 等。

（3）单词的音素分类法。教师汇总一些已经学过的单词，要求学生按某几个音素进行发音上异同的归类。例如，在 bee、pen、day、pay、great、greet、deep、bed、name 等几个单词中，要求学生按音素 [i:]、[e]、[ei] 进行分类。

（4）抽查法。教师示读后，让学生自己练习 1 ~ 2 分钟，再点名抽查。

（5）激将法。教师在示读前先说明要求，示读后不给练习时间，用激将语言立即要求学生仿读。由于学生好胜心强，教师示读时都能全神贯注地听，气氛紧张，听后踊跃举手要求仿读，气氛活跃。

（6）提示法。学生读错了，教师不是简单地要他跟自己再读一遍，而是提示发音方法，让他自己把音发正确。

第三节　英语词汇教学艺术

词汇是语言的建筑材料，离开词汇，语言就失去了实际意义。如果词汇贫乏，词义含混，就会造成理解和表达的障碍。英国语言学家威尔金斯曾经说过："没有语法，人们表达的事物寥寥无几，而没有词汇，人们则无法表达任何事物。"由此可见，词汇教学在语言教学中占有重要的地位。

一、通过构词，了解词汇构成规则

通过构词法教单词，可使学生深刻理解单词的基本意义，揭示单词的内在规律，同时有利于单词的记忆。通过讲授一定的构词知识，还可以培养学生在阅读中识别词义的能力，从而扩大词汇量。

下面介绍构词的三种主要形式。

（一）派生法

有的单词加上前缀或后缀，会形成一个新的单词，只要牢牢记住词根，再记准要加的前缀、后缀的意思，一个或几个新词便记住了。如形容词 happy（幸福的）为词根，加前缀 un- 就是其反义词 unhappy（不幸的），加后缀 -ly，就是其副词形式 happily（幸福地），加后缀 -ness，就是其名词形式 happiness（幸福）。

（二）合成法

两个或更多的词合在一起组成一个合成词，该合成词的意思可根据构成它的几个词的意思推想出来，据此积累、整理出一些合成法则，对阅读、理解、翻译和记忆单词均大为有益。

（1）名词 + 名词：class（班）+room（房间）— classroom（教室）。

（2）形容词 + 名词 +ed：warm（温暖的）+heart（心脏）+ed—warm-hearted（热心肠的）。

（3）形容词 + 现在分词：good+looking—goodlooking（好看的）。

（4）名词 + 过去分词：snow+covered—snow-covered（被雪覆盖的）。

二、通过比较，掌握词汇规律

比较是把事物之间的有关部分、有关特征加以对照，确定其相同或不同的思维过程，实质是通过对事物的分析与综合，抓住事物的各种特征，存同求异，并加以抽象和概括，以加深印象，增强记忆。在词汇教学中，把音、形、义相同、相近或相反的词汇放在一起，分析其特点，同中求异，异中求同，帮助学生把孤立的、零散的知识串联起来，把握知识间的内在规律，克服易混点、易错点，让学生从纷繁复杂的语言现象中轻松愉快地接受知识，掌握科学的学习方法，对所学知识能举一反三，触类旁通，积极迁移，形成一个条理化、系统化的知识网络和思维框架，收到事半功倍的效果。

（一）音、形、义比较

根据读音和拼写的关系，对音、形、义等方面的相同点或相似点进行分析比较，找出规律，帮助学生学习单词时产生正迁移，减少记忆单词的困难，提高记忆效果。

（1）相同字母或字母组合发不同的音，如 hear、bear、heart。

（2）不同字母或字母组合发相同的音，如 sailor、worker、grammar、about。

（3）字母不发音，如 comb、knife、honor。

这三组词，利用读音规则，总结了拼写与拼音之间的规律，学生可通过归纳、比较掌握字母或字母组合的正确发音，培养见词能读、听音能写的能力。

（1）形近音近词，如 sheep–ship、house–horse。

（2）同音异形异义词，如 peace–piece、by–buy–bye。

（3）同义异形异音词，如 choice（名）–choose（动）。

（4）同形异义异音词，如 lead /li:d/ 领导（名）、/led/ 铅（名）。

这几组词，利用词汇的交错与重合，成对地进行归纳、比较，起到了强化记忆的作用，是深化词汇学习的一种有效手段。

（二）词义比较

同义词是学生最易混淆的难点，虽然看起来有点像，但是比较起来不一样。教学中运用比较法找出异同点，帮助学生弄清词汇含义，有助于学生加深理解，增强记忆。如学习 home 时，把 family、house 联系起来进行比较，配上句子或短文："I have a happy family.My parents often stay at home and look after my house and my children."

三、通过联想，加深理解与记忆

心理学认为，联想实际上反映了客观事物之间的联系。它在促进人的记忆、想象、思维等心理活动中占有重要地位。教学中要利用英语词汇本身的关系以及各种媒介，通过串联归类、纵横联系、辨析分解，让学生展开联想，力求在脑际建立相互依存的知识结构，从而战胜遗忘，增强记忆。按照词汇间的不同关系，联想可分为词缀联想、对比联想、接近联想等。

（一）词缀联想

词缀联想法能帮助学生在理解的基础上记忆单词，激发学生的学习兴趣。如学习词缀 –ment 时，指导学生联想 –ment 构成的词汇 enjoyment、management、argument、development 等。

通过词缀联想，学生可以学一个会一串。用这种方法既可以培养学生由已知的知识理解新词的意义，还可以帮助学生归纳复习学过的词汇，一举多得。

（二）对比联想

对比联想是指由某一事物的感知或回忆引起和它有相关特点事物的回忆，并从中进行比较，找出它们之间的不同之处。英语中有丰富的反义词，通过对比联想，掌握词汇的准确含义，形成多层次的词汇积累，提高词汇学习效果。如在学习 long 时，可把 long–short、short–tall、high–low 做联想比较。

（三）接近联想

心理学认为，人的心理机能活动有一定规律性，这种规律性也体现在人们对时间和空间上接近的事物会自然地展开联想。接近联想就是依据经验，由一事物引起对另一时间上和空间上接近的事物的联想。如 spring—grass—flower tree，或 spring—lake—river—sea—water 等。在进行联想时，学生可以一边回忆单词，一边在脑海里勾画相应的图画。这种方法能启发学生丰富的想象，激发学生的学习兴趣。学生学得轻松愉快，记得牢固。

四、通过语境，明确词义

语境制约着语言单位的选择、意义的表达与理解，词汇意义必须在上下文中才能精确、具体。因此，任何一门语言的学习都离不开语境，否则，就可能产生歧义。

（一）在语境中猜测词义

心理学研究表明，信息处理水平对记忆具有很大影响，对信息的加工水平越深，信息就越能长时间地保存在记忆中，而根据语境猜测词义就是一种深度的信息处理过程。让学生在词汇学习过程中根据上下文猜测生词的含义，对训练学生的分析能力、加强记忆有着极其重要的作用。一般可根据文章或段落、句子中的同义词、反义词的对比或定语词组、从句等不同的语义通过联想等猜测词义。

（1）Edison is famous for his hundreds of inventions.

通过 Edison 这个人，联想他一生的成就而知 inventions 是“发明”之意。（联想）

（2）He is good at cutting woods or stones， so he can certainly carve your name on a pen for you.

通过上文 cutting 推测出 carve 是“刻写”之意。（同义词）

（3）Most of US agreed；however，Billdissented。

从表示转折的词 dissented 可推断出 however 是“不同意”的意思。（对比）

（4）Was the peach ripe or green？

句中 ripe 意为“成熟的”，根据上文推测出 green 是“生的，未成熟的”的意思。（对比）

从以上分析可以看出，在利用上下文猜测词义的过程中，通过联想、对比、概括，可以充分调动学生的思维活动，这样既能加强对词汇的理解，增强记忆效果，又能培养学生判断、推理、概括的能力，对英语阅读能力的培养起着积极作用。

（二）通过语境消除歧义

英语中有大量一词多义的现象。这些词处在不同的语境中有不同的词性和词义。如果脱离了特定环境，孤零零地学习词汇，就不能正确理解词汇意义，从而产生歧义。教学中一定要注意将词汇置于特定语境中，确定恰当的词义。如以 SEFC 各册教材中含有 well 一词的句子为例：

It happened at the well where I was holding a jar while Anne pumped.It took great imagination as well as patience for Annie to teach me to speak；All they need is something to make them feel—well at that moment.I can see how English is used in everyday life as well.There are some jobs that men can't do very well。

从上述例子可以看出 well 在句中所处的位置不同，搭配关系不同，词义、词性就不同。如果脱离语境，只记住该词的一些词义，那么是不能正确理解整句话语的意思的。再以 country 一词为例，做名词，有“国家”“农村”之意，如果只给出一个独立的句子“I love the country”，就可能使人产生歧义。但若在句子后加上一个修饰语“whose independence I have been fighting for”，此句中的 country 显然成了“国家”之意。若加上一个修饰语“where I once went for holidays”，此句中的 country 就是“乡村”之意。以上例子充分证明，在阅读中含有多种词义的词究竟取哪一个词义，要看具体语境。如果脱离了具体语境理解词义，就会产生误会。因此，学习词汇，要在语境中联系上下文仔细推敲，只有这样，才能准确把握词义，掌握其用法。

（三）在语境中辨别汉英词汇差异

讲不同语言的国家，文化、风俗习惯、思维方式不同，语言中的词汇代表的概念也不尽一致。以汉语与英语比较，有时汉语的一个词代表的概念包括英语几个词代表的不同概念。如汉语的“看”，英语有 look、see、watch、notice 等，在不同语境中，有不同的表达形式，如看电影 see a film 或 go to the cinema，看电视 watch TV，看书 read a book，汉语中的“看”对应英语不同的单词。如果没有语境，就不知道如何选择词汇。另外，英语一个词有时代表几个汉语意思，如 uncle 的汉语意思有“伯父、叔父、舅父、姑夫、姨夫、叔叔、伯伯”等。如果缺乏语境，看见一个词就一律理解为某一个意思，就不能准确表达两种语言的原意。又如，汉语中的“一双新鞋”，许多人译成 a pair of new shoes，看起来结构好像是正确的，但这种表达不符合英语习惯，正确的表达应是 a new pair of shoes。类似的有 a big piece of paper，a new type of bike 等。以上数例证明，学习英语词汇要注意了解英美国家的文化、风俗习惯和文化差异等方面的知识，在恰当的时间、恰当的地点，恰当地运用词汇，才不致产生语言障碍。

五、音、形、类、义、境相结合

词汇教学应把音、形、类、义、境五个方面结合起来，忽视其中任何一个方面都可能导致偏差。词形不仅指单词的基本拼写形式，还包括变化了的形式，即语法形式，如名词复数，人称代词的格，形容词、副词的比较级、最高级，动词的 -ing 形式和 -ed 形式等，尤其要注意特殊的词形变化。除了教给学生充分利用单词的读音和拼写之间的规律记单词以外，还要求学生知道单词的归类。有些英语单词只归属一类，但更多的是归属两类或两类以上，学习词汇时应记住每个单词的类属，以防止词类的误用。单词的含义包括单词本身的意义及其衍生意义。越是常用词，衍生意义越多。在记忆单词时，首先要记住其基本意义，其次逐步扩展。语境指的是词汇使用的具体环境。一个词在不同的使用场合往往有不同的含义，要理解一个词的确切含义，必须联系这个词运用的场合，切不可望文生义。

用音、形、类、义、境相结合的方法进行词汇教学有利于学生多种能力的培养。如音、形结合培养拼读、拼写能力，形、类结合培养判别词类和词义的能力，类、义结合培养记忆词汇搭配的能力，形、境结合培养正确运用词汇形式的能力，义、境结合培养准确理解、推断和辨析词义的能力，等等。所有这些能力的获得都为最终培养学生初步运用英语进行交际的能力奠定了基础。教师除了注意教给学生运用音、形、类、义、境相结合学习词汇的方法外，还要引导学生把这种结合变为自觉行为，并使之成为习惯。

如果对音、形、类、义、境相结合的词汇教学方法进行分析，就可以发现，其中的音、形、义属词汇教学的基本方面，类属教学方法，境则属词汇教学的活动空间，换一种说法，境涉及的是词汇教学的活动单位问题。词汇存在于语篇当中。语篇中的词汇教学有词单位词汇教学、句单位词汇教学等。不能说词单位教学一点不能要，但从有利于包括正确使用词汇在内的语言交际来看，句单位词汇教学更具实际意义。如前所述，只有在句子中，单词的语义和用法才是确定的和显现的。段是比句大的单位，语篇的单位最大。语篇既是语义单位，也是完整的交流表意单位。因而词汇在语篇中的用法和意义更具交际价值。据此，词、句、段、文都是词汇教学的活动单位。因此，音、形、类、义、境相结合的词汇教学又可以说成音、形、类、义与词、句、段、文相结合的词汇教学。这是一种立体的结合。在这种结合中，教师要创造性地运用各种各样的教学方法，才能使词汇教学真正扎实有效。

第四节　英语语法教学艺术

语法是语言使用的规则，对语言实践有着积极的指导作用。掌握和运用语法知识对于获得言语能力有着重要作用。因此，学习语言，尤其学习英语，不学习语法是不行的。初、高中英语语法教学就是在语法基础知识的教学过程中，让学生逐步从理性上认识、掌握语言使用的规律，并用以有效指导语言实践。但是，在强调语法教学重要性的同时，还必须认识到，语法教学不是目的，而是手段，要为培养学生运用英语的能力服务。也就是说，语法教学的目的在于提高正确运用语言的自觉性，减少盲目性。语法教学可帮助学生更好地理解语言现象，表达思想感情，使他们在学习中尽可能地少出偏差，少走弯路，从整体上提高英语学习的效率。

由于人们对语法教学在英语教学中的作用和地位认识不同，在教学实践中会采取不同的做法。在语法教学中应注意避免两种极端的不良倾向。一种是过分强调语法的作用，认为学习英语就是学习英语语法，学好了英语语法就等于学好了英语。在这种思想的指导下，有些教师把绝大部分时间和精力花在了语法知识的传授、分析和练习上，把活生生的语言材料变成一个个干巴巴的所谓语言点，条分缕析，甚至把语法教学变成了语法研究。对于学生在操练、练习、使用中出现的错误，总是单一地从语法角度去分析，一味地用讲解语法规则的办法去纠正。这种语法教学在学习者的头脑中形成了高度的语法警觉点。过度的语法监控极大地压抑了学生正常的语言体验、得体的语言领悟、敏锐的语境观察和分析，从根本上阻碍了学生语言学习和语言应用能力的发展。另一种是轻视语法对语言运用的指导作用，单纯强调通过自然习得获得言语能力，排斥语法教学，因而在教学活动中一味地要求学生硬性模仿，不注意教给学生运用语法知识能动地认识、学习和掌握英语的方法。实践证明，上述两种倾向都具有片面性，给英语教学带来了一定危害。所以，问题不在于是否教学语法，而在于如何进行高效率的语法教学，使之更好地为培养学生的语言运用能力服务。

一、语法教学的重点

英语语法包括词法和句法。词法是指词形的变化规则，句法是指句子的构成规则。由于英语词形变化并不复杂，语法教学的重点应放在句法上。虽然句法千头万绪、错综复杂，但其核心是结构，主要包括短语结构和句子结构等。结构体现在一致关系和语序排列两个方面。一致关系是指词语之间、句子成分之间或上下文之间保持人称、性、数、格等方面的一致或照应。如主谓一致、名词与其替代词一致、定语从句的先行词与关系词照应、复合句中主句和从句时态照应等。语序排列是指词语的排列顺序，如正常语序，倒装语序，宾语提前，状语的前位、中位和后位等。

句法中的结构涉及方方面面，但其中的五种基本句型是最基本的结构。它们是整个句法结构的基础，无数千变万化的句子都是由它们演化而来的。演化的方式，一是转换，如陈述句变疑问句、肯定句变否定句、主动句变被动句等；二是扩展，即为句子成分增加修饰语或简单句将其扩展为复合句。在一般的英语语言材料中，完全符合五种基本句型结构的句子比转换、扩展而来的句子要少得多。因此，要注意培养学生抓句子主要结构的能力。对学生理解起来确有困难的长句、难句，不妨进行一些必要的语法分析，搞清句子各部分之间的关系，弄懂整个句子的确切意思。这样做有利于语法规则的掌握和应用。

就语法教学的重点而言，包含两层意思。一层意思是不同的语法项目要有所区别。有些语法项目要讲精讲透，如非限定动词的句法功能；有些语法可以略讲，如句子的种类；有些语法可以基本不讲，如名词的复数形式。另一层意思是同一语法项目的不同侧面要有所区别。有的侧面可以略讲甚至不讲，而有的侧面则必须讲细。至于教科书中没有提到，而学生普遍感到困难的关键问题，要做必要的补充。例如，在定语从句的教学中，什么叫定语从句、定语从句的位置、定语从句常由哪些关系词引导、什么情况下关系词可以省略等，教科书上讲得很明白，教师根本用不着照本宣科地去讲解。学生感到困难的是如何选择关系词，而这一点教科书上讲得太粗略，学生抓不住要领。教师要向学生讲清楚，关系词的选择依据两点，一是先行词，二是要选择的关系词在定语从句中的成分。

二、语法教学的方法

“在教一个语法项目时，教师可先后说出体现该项语法的句型，使学生理解其意思，然后进行句型操练。在学生初步掌握这个项目的基础上再进行归纳。有的语法项目，也可先交代简单的规则，再进行句型操练。”这是大纲提示的语法教学的基本方法。前者是按归纳法教学，后者为演绎法教学。

归纳与演绎也是思维的基本方式。英语教学活动无论大小，都要遵循归纳或演绎的方式，语法教学尤为突出。教学中使用归纳或演绎要根据学生的不同学习阶段和教学内容的不同特点确定。

第八章　多元文化与英语教学过程管理

教学过程管理是英语教学管理的一个重要组成部分，是具体落实和执行教学计划的一个最主要环节。可以说，抓好教学过程管理这一环节可以为完成教学任务、提高教学质量提供必要的先决条件和基础保证。

第一节　教学过程的性质

在本章展开讨论之前，有必要对教学过程的性质这一问题有一个比较明确的概念。笼统地说，教学过程是一个教与学的过程；确切地说，教学过程是教学生掌握客观事物的规律、结构及作用的过程。从这一角度考虑，教学过程的性质可以理解为以下几点。

（1）教学过程是实现教育作用的过程。学生通过学习，使自己的人生观、能力、行为、个性以至信仰、追求等得到不同程度的改变，这就是教育的作用。

（2）教学过程是学生学习认识的过程。从学生与所学对象的关系来看，学生是在教师的有效指导下逐渐认识所学对象的；从哲学的角度来看，学生通过实践—理论—实践的过程认识客观世界。

（3）教学过程是学生心理变化的过程。从学生主观认识活动的过程来看，学生在学习过程中，要经过感觉、知觉、记忆、思维、想象、情感、意志等一系列的心理变化过程。在学习中不断感知、认识，从而逐步走向成熟。

但是，英语教学过程又与一般的教学过程有所不同。英语教学过程除以上三个方面的性质外，还应该是以学生为英语交际活动中心的过程。英语教学不论持什么目的、选什么教材、取什么途径，都是通过语言交际活动培养学生的英语语言能力和用英语进行交际的能力，因而学生在学习过程中不是单纯模仿、记忆、操练英语语言技能，而是英语交际活动的中心。

第二节　英语教学过程

英语教学实际上是由教与学两个方面组成的。英语教学指的是学生在教师有目的、有计划的组织指导下，积极主动地学习英语、掌握英语技能、发展智能、全面发展个性的一种教师与学生共同参与的活动。可以说，在教学活动中，教师是组织者和指导者，起着主导作用；学生是教学的对象和接受教育的客体，又是学习和自我教育的主体。

英语教学过程是英语教学的实施过程，是一种有目的、有计划的特殊认识过程。英语教学过程有四个基本组成因素：一是教师，二是学生，三是教材，四是教学形式、方法及手段。应该说，这四个基本组成因素是其有机组成部分。要完成英语教学过程，这四个因素缺一不可。如果只有教师和学生，教师教什么、学生学什么就不明确，教学过程就不能完成；如果只有教材及与教材相应的教学形式，就存在由谁来使用教材的问题，教学过程同样不能有效地进行和完成。因此，只有当这四个因素都参与其中时，整个英语教学过程才能顺利完成。但应该强调的是，在英语教学过程中，教学形式、方法及手段的选择是否恰当，将会对英语教学过程的完成和英语教学质量的优劣产生直接影响。

在具体的英语教学过程中，教师要组织好不同的教学活动，就需要根据要完成的教学任务，处理好三个方面的关系：一是学生与所学英语教材之间的关系，如统一教学进度与多种水平学生之间的关系；二是教与学之间的关系，如教学方法与学生适应能力的关系，以及以教师为主导和以学生为中心的关系；三是教师与教材之间的关系，如教师对教材掌握不够，缺乏深入全面的理解和分析，就有可能导致处理不当，使教材的应有作用不能充分发挥。从这层意义上说，教学过程也是处理这三种关系的过程。只有处理好这三种关系，才能保证教学过程的正常发展。因此，英语教学过程能否有效完成，一要充分认识四个基本因素的相互作用，二要处理好三种关系。

第三节 英语教学过程的基本任务

要做好英语教学过程的管理工作，管理者应该对教学过程的基本任务有一个初步的了解。从英语教学的性质出发，英语教学过程的基本任务可以归纳为两大类。寓德育于英语语言教学中、培养学生科学的世界观。这是英语教学过程的第一个基本任务。英语教学，顾名思义，就是教授英语，但英语教学也是学校教育的有机组成部分，应当为学校总的教育目标服务。英语教学具有教育性，这是一条客观规律。学生在学习英语的同时，必然会受到英语知识中各种外国人士的立场、观点的影响。而教学目的、教学内容等总是体现着一定的社会要求和意识形态。教师应在教授英语的同时，坚持以正确的思想观点对学生进行教育。做到寓德育于传授英语知识中，不能简单地理解为在英语课上空谈大道理，而是要遵循语言教学规律，密切联系教学实际，结合英语教学任务的过程进行。这种思想教育的方法较多而且灵活，主要表现在以下几个方面。

一、言传身教

对学生进行思想教育，教师在教学过程中起的表率作用十分重要。教师热爱教育事业，热心教学工作，备课认真，积极负责，关心学生，可以对学生起到潜移默化的作用。对学生进行英语学习教育，不是光靠教师讲些大道理就能奏效的，而是要靠教师在教学中表现出来的工作精神去感染学生。教师的言传身教往往会给学生留下深刻印象，甚至会使学生终生难忘。这种影响力往往不是取决于教师的语言，而是取决于教师在教学中表现出来的人格魅力、敬业精神、责任感和教学效果。

二、鼓励和鞭策

在具体的英语教学实践中，教师要帮助和鼓励学生在英语学习和英语技能训练中树立一丝不苟、精益求精的精神和不怕困难、脚踏实地的作风。例如，要发音正确，就要反复模仿、操练；要书写地道，就要刻苦磨炼；要口语自然，就要进行坚持不懈的艰苦操练。教师应该利用学生的点滴进步鼓励、鞭策学生前进。这样，教师不仅教会了学生英语，还培养了学生顽强的意志品质。

三、模仿和自省

英语是一门实践性很强的学科，选编英语教材必须按照英语教学的特点和规律，努力做到语言地道，内容和安排符合各项语言技能训练的要求，以便于教师教和学生学。另外，必须注意思想内容的健康，以有助于学生树立正确的观点，培养良好的道德品质。随着英语教学的进行，学生不仅可以模仿地道的语言，还可以通过示范教育学到正确的思想内容，进行有效的自我教育。教材中正确的思想内容还会激励学生自省。自省是自我教育的开端和基础。因此，模仿和自省相结合，会使学生自觉地仿效教材中好的榜样，增长知识，扩大眼界，接受正确的思想道德教育。

英语教学过程的第二个基本任务是向学生传授英语的基础知识和对学生进行语言技能、技巧的训练。英语教学与其他学科的教学（如数学、物理等）有所不同，因为英语教学既要讲究给学生打下扎实的语言知识基础，又要注重培养学生的语言应用能力。当然，我们不能把语言知识基础片面地理解为使学生掌握基本的语音和语法。这里的语言知识基础应该是指学生在听、说、读、写上初步具备的英语知识及运用能力。应该说，即使掌握了一些常用词汇和基本语法，也不一定具备听、说、读、写的初步能力；而有了听、说、读、写的能力，却意味着掌握了一定量的常用词汇和基本语法。换言之，学生要在口头上和书面上获得运用英语的能力，是通过听、说、读、写的基本训练培养的；语音、词汇和语法是通过听、说、读、写的练习才熟练掌握的。从英语教学的过程来看，学生的语言知识和语言运用是统一的整体，它们紧密相连、相辅相成、互相促进，因此必须综合训练。英语教师不应把英语课当作语法知识课（片面强调词汇和语法知识），要求学生死记硬背语法规则和条条框框。英语教学的基本任务应该是正确处理好语言知识和语言运用的关系，在教授英语知识的同时，注重对学生进行听、说、读、写四项语言技能的基础训练，培养学生综合运用英语的能力和交际能力。

第四节　英语教学过程的基本环节

英语教学过程共有四个基本环节：确定教学目标、熟悉掌握教材、进行教学实施、进行教学评定。

一、确定教学目标

确定教学目标是整个英语教学过程的首要前提，一切教学形式、方法、手段都是根据教学目标确定的。如何确定教学目标？教学大纲明确规定了各门学科的教学目的和任务，提出了各年级进行英语教学和训练的要求。英语教师首先要研究教学大纲，其次钻研教材，才会有明确的教学目标。教材是根据教学大纲编写的，是教学大纲的具体化。教师应该根据教材和学生的实际情况确定具体教学目标，因为教材性质不同、内容不同，在达到教学目的方面起的作用也就不同。学生的班级不同，他们的水平肯定会有差异，教学目标因此也应有别。确定具体教学目标还要深入领会教材编写的思想和意图，教师对每个教学单元、每堂课、每次语言练习要达到什么目标、训练什么要点，都要做到心中有数，力求具体。在教学过程中只有明确教学目标，才有可能切实体现目标、落实目标，把教学目标转化为具体行为目标。

二、熟悉掌握教材

要熟悉掌握教材，关键要做到两点。第一，分析教材的结构。首先分析教材在整个语言教学体系中的地位和作用，其次分析了解教材编写的理论基础。例如，教材设计是结构主义还是意念功能，是以语篇为基础还是几种理论的综合等。然后分析了解教材覆盖的语言点以及听、说、读、写等技能和综合技能训练的方法和内容。同时，要了解教材内容先后顺序的编排原则，即是按固定模式（如听、说、读、写等顺序）编排，还是以其中某一技能为主、其他技能为辅编排。第二，分析教材的重点和难点。教材的重点是指教材中最基本、最主要的内容，是教材的关键部分。教材的重点包括两点：一是基本的语言要点，二是基本的语言技巧。基本的语言要点是指教材中起决定作用的语言素材。只有掌握了基本的语言要点，才能学好教材的基本内容，因为基本的语言要点（包括语法要点、句法结构、意念功能等）是教材内容的基础。基本的语言技巧指的是教材涉及的四项语言技能，如听、说、读、写等。语言技巧是运用语言要点的基础。学生即使学习了基本的语言要点，不能运用于具体的语言情境中，也不能完全掌握。教材的难点是指学生普遍感到不易理解和运用且较为复杂的部分。难点不仅包括语言要点，还包括英语国家的文化背景知识以及其他一些相关知识。再者，教材的难点除了来自教材本身外，还来自学生和教师。教材的难点大都是由于教材的有些内容较为复杂，难以分化，易产生误解的语言知识，另外还有在语言实践环节上有一定难度的语言技能和技巧。虽然有些语言教材的难度并不大，但是限于教师和学生的水平，也可能使教材出现难点。在教学过程管理中，教师和管理者应该明白教材的重点和难点之间并没有必然的联系。也就是说，教材的重点具有语言学习本身的质的规律性，而难点则是动态的，并不具有永恒性。教材的重点可能是难点，但难点不一定是重点。在教学过程中，只有掌握了教材的重点，才能掌握教学的关键，有了搞好教学的基础，方可保证教学任务的完成。

三、进行教学实施

进行教学实施是整个教学过程的中心环节。教学是一种教师的教与学生的学双向交流的运动，课堂教学也是以教材为传播中介的信息交流运动。传统的教育心理学认为，一般的教学实施应该呈这样的模式：首先是呈现教材，其次是学生反应，最后是强化与校正性的反馈。从上述步骤可以看出，教师在这个教学过程中不仅要依据教材向学生传递信息，而且要求学生积极做出反应，并将反应情况及时反馈给教师，便于教师随时掌握传授效果，并根据教与学的反馈信息进行教与学的强化和校正。显然，这种模式是以教师为中心的传统的英语教学模式。也就是说，教师主导了教学中的一切活动。然而，英语教学有其自身的特殊性，强调的是语言的交际和运用。因此，就有了许多突出语言运用的课堂操练活动。例如，独白、对话、两人小组活动、多人小组活动、哑剧、讲故事、角色表演以及各种各样的游戏等。这些课堂活动表明英语教学越来越强调英语学习主体的主观能动性和学习者的语言交际性。因此，英语教学实施应该由以教师为中心逐步转移到以学生为中心的语言交际活动中。教师也应该逐渐改变原先包办一切的角色，成为学生课堂学习活动的向导、顾问和裁判。

四、进行教学评定

评定是教学过程中的最后一个环节。通过评定，教师和教学管理者可以对照教学目标测定教与学的效果。合理评定教与学的成绩有助于科学的英语教学管理，有利于公正地评价教师的劳动。经过教学评定，认定达到了教学目标，一个完整的教学过程才算结束。当然，一个教学群体中也会有少数人达不到教学目标，需要做出诊断，找出原因，提出补救措施。教学评定既检查学生的学习情况，也检查教师的教学情况，评定是整个教学过程的反馈环节。

英语教学环节包括的内容很丰富，它是既围绕着教师如何教，又围绕着学生如何学展开的。教学管理者要充分了解和把握英语教学的各个环节，这样才能有效地进行教学管理。

第五节　英语教学过程的基本关系

英语教学过程是一种特殊的语言学习和认识过程，这是由它的间接性、领导性、教育性三个特点决定的。因此，在教学过程管理中，教师和教学管理者应该充分认识、处理好“教与学”“教材和教法”这两种基本关系。

一、教与学的关系

尽管英语教学越来越强调以学生为中心，但是不可否认，教师在很大程度上仍然在教学活动中起着主导作用。因为国家制定的教育方针、教学大纲等是通过教师有目的、有计划、有系统地以教学活动的形式去实现的。教师“闻道”在先，要有丰富的专业知识，而且受过专门的英语教育训练。因此，教学的方向、内容、方法、进度、结果和质量等诸多方面都要由教师决定和负责，教师始终居于教学过程的领导地位。但是，这绝不意味着只有教师讲、学生听。英语是一门实践性很强的课程。无论是语言知识还是语言技能，都要靠学生自己主动去学去练，才能有长进，教师的作用只能是主导，而不能包办代替。因此，英语教学应成为学生从不会到会的过程，成为学生积极学习、逐步提高英语运用能力的过程。

在这个过程中，教师犹如导演，学生犹如演员，也就是说，教师的主导作用体现在以学生为主体的课堂教学中。只有这样，学生才能学得快、用得活。所以，以学生为主体的教学过程是提高教学质量的根本保证。此外，在英语教学过程中，教材、教师的教学方法和教学手段，对学生来说，都是外在的东西，是学习的外因。教师的主导作用就是要使这些外在的东西转化为学生内在的东西——语言知识、语言技能、语言交际能力以及智能、品德、性格等。所以，教师在发挥主导作用的过程中应着重注意两个问题。一是英语学习的动力问题。教师要善于激发学生的求知欲和强烈的学习欲，充分调动其学习的积极性。二是英语学习的差异问题。在教学过程中，教师要充分认识到学习者在生理和认知上的差异，这些差异包括学习者的年龄、智力、语言潜能、认知风格等。教师要对学习者进行启发诱导，给学生指明认知的最佳路线，有扶有放，充分发挥学习者认知的主观能动作用，正确引导学生发挥自己的长处，把英语学习活动逐步推向前进。然而，教师的主导作用又代替不了学生外在环境和教育影响的全部。

在教学过程中，学生始终是学习的主体。教师的教学效果最终要在学生身上得到反映。以辩证的观点来看，人不是环境的消极产物，而是在积极主动地作用于环境和改造环境，从中接受教育和影响。人既是环境的产物，又是反映和改造世界的主体，没有主体的能动作用，任何环境和教育都起不了作用。由此可见，没有学生的主体作用，也就没有教师的主导作用。同时，在教学过程的管理中，教师和教学管理者还要充分认识到，学生是认识客观世界的主体，是积极的活动者，这就要求教师不能把学生当成“容器”，简单地把知识灌输给学生，而是要善于启发引导学生主动学习。只有这样，学生才能发挥其内在的学习动力，学会独立思考，主动进取，把学到的知识融会贯通，取得应有的学习效果。应该充分认识到，教师教学不仅是传授知识，而且要善于引导学生进行积极主动的学习，及时教给学生学习的方法。

总之，教与学是教学过程中的一对矛盾，二者是对立统一的。发挥教师的主导作用，目的是要发挥学生学习的主观能动作用，启发学生求知欲望这个内在因素。以教师为主导必须以发挥学生的主体作用加以制约，否则一切都以教师为中心，就会忽视英语教学的特殊规律性；以学生为主体也必须在教师的主导下进行，否则，同样会违背英语教学的特殊规律。因此，在英语教学过程中处理好教与学这种基本关系是至关重要的。

二、教材与教学方法的关系

首先，教材是教师从事教的依据，也是检验教学质量的依据。在教学过程中，教师与学生以教材为传播中介。教材是根据教学大纲、培养目标、社会需求以及学生层次和发展特点进行选编的。因此，教师要对教材的性质、功能、内容和结构等深入了解，要特别注意了解教材的整体，熟悉教材，具备与教材相关联的广博知识，只有这样，才能灵活运用教材，激发学生，鼓励学生进行更有效的学习。在了解教材的基础上，教师要保证学生学习活动的质量，就得讲究教学方法。首先，教师要了解各种英语教学方法。例如，语法翻译法、语言结构法、听说法、意念功能法、交际法等。教师必须弄清楚各种教学方法的理论基础、应用原理和条件，各种教学方法的优劣得失，以及应用的方式和步骤等。其次，教师要熟练掌握教学技能，形成教学技巧。教学技能包括教学计划的编制、教材内容的处理、教具的使用、教学活动的组织、教学效果的诊断和补救等。教学是一门艺术，只有对教学方法进行认真研究，教师才能对各种教学方法兼收并蓄，取百家之长为己所用，逐渐形成自己教学的独特风格和优势，熟练掌握和运用教学这门艺术。

应该说，教材是达到教学目标的工具，教学方法则是达到教学目标的手段，二者在整个教学过程中相辅相成。教材必须通过有效的教学方法才能发挥其效能。可以说，教学方法与教材的关系是极为密切的。“因材施教”，“材”除指学生外，还应包括教材，即教学方法要针对不同的教材和不同的学生进行选择、应用。

第六节　英语教学过程的基本规律

英语教学活动与任何其他社会活动一样，有其本身固定的一些规律。要搞好英语教学管理，就要遵循这些教学规律，否则教学就会事倍功半，不能取得预想的教学效果。一般来说，英语教学过程有以下基本规律。

一、教学的教育性规律

教学任务的完成不仅是指教师完成的教学工作量、学生完成的学业，而且是以“学生发展为本”，使学生在德、智、体、美等方面得到全面发展。有句名言“教师是人类灵魂的工程师”，笔者认为，这句话至少有两层意思：一是说明了教师这一职业在人们心目中具有的高尚地位；二是说明教师不是单纯地传授知识，还要培养学生健康向上的品格和道德观念。所以，教学与教育是内在统一的。教师也是一名社会成员，他的思想和道德观念必然会在教学活动中自觉或不自觉地进行阐发，而且他的言行和形象都会对学生产生潜移默化的影响。有的教师凭借渊博的知识、高尚的思想品质、严谨的治学态度，给学生留下终生难忘的印象。即使毕业了，学生只要提起某位教师，也会感叹不已，并以这位教师为楷模激励自己的工作和学习。韩愈在《师说》中讲得很明白，“师者，所以传道受业解惑者也”。可见古人也把传道摆在了首要地位。即使在西方，教育也一直被赋予三大功能：一是传授人类已有的知识，二是训练学习者的社会能力，三是培养学习者个人的素质和能力。其中后两大功能中包含的就是道德、伦理方面的内容。由此可见，教师应该在教学过程中遵循这条规律，做到寓教育于教学活动中。

二、教与学相互依存规律

在教学过程中，教师和学生必然结成相互依存、不可分割的关系。教师向学生传授知识，学生不断地将学习信息反馈给教师，这样组成一个教与学的有机整体。如果信息的传递只是单方面的或者根本没有信息传递，那么教学肯定不会有好的效果，甚至可能导致失败，因为这样的教学违背了教与学相互依存的规律。例如，有的教师以大堂的形式上英语课（听力课或阅读课），学生一坐即 50 ~ 60 名，上课只是做练习、对答案，每次下课就再也见不到教师的人影，既不讲解练习要点，又不辅导或答疑，也从不批改学生的作业。实际上，这是一种自我封闭教学，不仅失去了与学生进行信息交流的机会，而且听不到学生的反馈意见，不能及时地调整和改进自己的教学计划或方法。这样做违背了教学规律，其教学效果可想而知。有的教师在平时教学中注意与学生进行相互间的信息交流，如做课堂教学情况调查、认真批改作业、参加辅导和答疑等；有的教师还专门设有固定的与学生交流的时间，并根据了解到的情况和实际需要，不断调整自己的教学计划、教学进度、教学内容以及教学方法等。这样做是遵循了教与学相互依存的规律，必然会收到良好的教学效果。

三、循序渐进规律

英语教学应该遵循循序渐进的规律。英语学习与其他学科的学习不一样。在英语学习中，学生学到了英语结构和语法知识，并不能说明他就能掌握和运用这些知识。英语学习，一要有大量的操练和知识的积累；二要遵循循序渐进规律，学习要有阶段性，千万不可跳跃。例如，笔者曾被邀请去一个科研单位的英语培训中心给学员上课，重点是要提高他们的听说能力。在与学员接触后，发现除少数几位学员外，大部分学员的英语基础相当薄弱，词汇量极少，语法概念不清，有的几乎是零起点，连简单的单词发音都不会。对这样的学员来说，绝对不是要提高听说能力的问题，而是要全面打好一个语言基础的问题。从这一例子可以看出，英语学习必须有阶段性。开始阶段，要打好语言的基础，如语音、单词、句法等；中间阶段，要巩固、提高和熟练运用所学的语言基础知识；最后阶段，要进行大量的课内外教学活动和语言技能的操练，在这一阶段，单靠教师的教显然满足不了学生的知识需求量。因此，教学活动就要从以教为主过渡到“有指导的自学”为主。总之，英语教学不能搞跳跃式，而应遵循循序渐进的规律。

四、教学的简约性规律

知识是人类劳动实践和生活经历的结晶，是多年逐步积累起来的，所以人类的知识是无穷尽的。人类知识传播最直接的方式之一就是教育。然而，不是每一点滴的人类知识都可以通过教育进行传授。人类丰富的经验和知识必须通过浓缩的、简化的方式传授给受教育者。英语知识的传授也不例外，如编写英语教材通常要遵循系统、交际、认知、文化及情感五大原则。这些原则都要求把丰富的英语知识浓缩简化到英语教材中去。在英语教学过程中，教师欲使学生的知识和语言技能迅速积累、增长，必须使所授内容逻辑化、系统化，并准确地揭示语言的本质属性，同时教给学生。如果授课内容不系统、逻辑性不强、抓不住重点，就违背了教学的简约性规律，教学活动就达不到预期的效果。教师在教学活动中采取的任何手段和步骤都应该是有效的、合理的、省时的，违背了这些要求，就是违背了教学的基本规律。

五、教学社会化规律

从本质上说，教育是一种培养人的社会实践活动。社会对教学活动提出了目的、内容、方法手段和要求，同时社会向教学活动提供了必要的条件。教学活动则按社会对教学活动提出的要求，运用社会提供的条件造就出社会所需的各种规格的人才，使他们在社会活动中影响社会、作用社会，这是教学与社会的内在关系，即教学与社会相互制约、相互促进。可以这么说，社会向教学活动提出的要求越高，提供的条件越充分，教学活动培养出来的人才规格就越高，对社会的影响和发展作用就越大；反之亦然。这是教学活动中的一条重要规律，它与教育总规律是相一致的。英语教学作为整个教育大系统的一个组成部分，必然受到一定的社会经济和生产力的影响。教学的思想、目的、手段、方法与一定的社会现实相联系，反过来，教学活动培养的英语人才才会积极地为社会的政治、经济、发展生产力服务。这就是教学的社会化规律。

第九章　多元文化英语教学技巧

第一节　教学操作技巧

教学操作技巧的使用是英语课堂教学的具体行为。英语听、说、读、写的训练过程是通过教学操作，使学生掌握听、说、读、写的英语基本技能，培养初步使用目的语的能力。但英语教学的操作要依据语言的内部规律和人对客观事物的认知规律。遵循规律的教学操作是一种技巧。所以，我们应考察语言的符号特征，以审视语言教学的操作意义。

语言是一个复杂的、具有自己鲜明特点的符号系统。语言符号系统是由许多小系统构成的，如语音系统、词汇系统、语义系统、语法系统等。语言有其鲜明的特点：语言不同，符号不一样，但都是以一个完整的体系确切描述千差万别的事物的形状、性质、功能及其千丝万缕的联系，能够传达人的各种情感。

一、英语运用的物质操作和观念操作

语言操作的物质性和观念性决定了语言是以符号作为实体存在的。语言有声音，有形象，是可感的物质，是一定形式的存在。但语言符号又有意义性，这种意义具有两个层面，即表层意义和深层意义。表层意义的语言符号表示某一具体事物的概念，而语言符号的深层意义则是隐藏在符号背后并支配符号运作的规则系统，如语音规则、拼法规则、语义规则、语法规则、语用规则等。语言的深层意义是观念性的。语言的深层意义决定着表层意义，使语言的操作得以实现。

抓住语言符号这一特征，我们可以将语言的操作看作物质操作和观念操作的统一。英语教学中的物质操作是人感觉器官的操作，如口、耳、眼、

手的操作，即听、说、读、写的活动；观念操作是大脑对英语自身规则体系的操作，即语音规则、拼写规则、语义规则、语法规则、语用规则的内化活动。英语教学一开始就应该重视这两种操作的结合。例如“He works on a farm”，要学会听说，就得操作发音器官，如果语音、语调不规范，别人就听不懂。要学会读写，就得操作眼手进行认读和拼写。

教材中对词汇或词组分别提出了四会、三会、二会、一会的不同要求，这体现了教学操作的基本概念。与此同时，以上这句英语隐含的语言规则伴随着物质操作在大脑中逐渐形成，这种形成不是一个自然过程，而是自觉的操作过程。如果学生说出“He work on a farm”这样的句子，就反映了物质操作和观念操作的脱节。随着不断学习，观念操作日益重要。所以，我们提倡在物质操作发展到一定阶段时强化观念操作。鉴于学生的认知结构，英语学习应尽早让学生建立观念操作意识进行物质操作过程，使语言运用得以准确与流畅。

二、教学过程中的机械、意义、交际操练

英语学习不同于母语习得，英语是在不自然的环境中学得的，而母语语言是在自然环境中不断运用习得的。所以，英语学习应是有意学习，即有目的、有顺序地进行语言训练。英语教学过程应遵循机械操练、意义操练、交际操练的顺序，这样才能保证学生顺利获得语言知识，形成语言能力。

（一）机械操练

早期操练性条件反射的学习途径主张用“刺激—反应”的公式解释表现心理现象的行为，其理论反映了在英语教学的结构主义语言学中，体现的教学行为是依据语言结构，进行大量的句型操练和替换练习。随着教学理论的发展，后期操作性条件反射理论强调操练应对语言环境产生影响，以促成强化作用，肯定操练是有意识的行为，认为在刺激与反应之间还有一个中间变量，即认识、期望等心理特征。总的来说，以条件反射这种学习途径的理论指导语言操练均属机械操练。

英语教学过程中的机械操练有其必要性，其理由为学生在学习一种外来

语言时，要接受一种完全不同的语音系统、结构系统、表达系统，要通过有意识的学习行为形成发音习惯，运用其结构表达观念。具体地说，机械操练是让学生读得上口，形成英语言语习惯。但教学中，机械操练要在学生顺利读出或说出句子时适可而止，不当的机械操练既不利于学生的思维发展，也抑制了学生在学习中主体意识的发挥。

（二）意义操练

意义操练是指学生在认知结构（学生通过母语或英语获得的知识和经验的总和）的基础上进行语义操练。英语教学中的意义操练在于将语言学习结合学生的生活现实进行有意义的言语实践，结合学生生活实际的语用意义进行展示和扩充。在单元教学中，我们应对词语进行选择，将选出的词语进行意义扩充性操练，采用同义词、反义词对比法，运用学生已学知识对新词进行注释性解释，并将正在学习的词语置于数个情境中，让学生理解其多义性。每教一个语言项或语法项都要结合其在语言材料中的含义，与学生生活对其实际的语用意义进行呈现和运用，等等。这样，学生才易于领会语言含义和培养语用能力。

我国英语教学中的特点之一是教学班级大，人数多，意义操练中的知识运用层面应考虑学生的认知结构。认知理论强调人在刺激与反应之间产生的各种可变因素，可变的原因在于各人不同的知觉因经验、学历、年龄、健康、志向、性别等不同而互不相同。所以，意义操练中信息内容的设计要考虑不同认知结构的学生的要求，进行有层次的意义操练。

（三）交际操练

交际操练既是教学操练的手段，又是教学操练的目的。学习英语的目的是通过听、说、读、写的操练形式达到运用英语进行交际的目的。

交际操练作为教学操练的手段表现为两种形式。一种是模拟交际操练。这种交际操练体现为学生通过教师的引导识记语言材料，作为读者与作者进行思想沟通；或在语言加工过程中结合生活实际对语言现象进行模仿，实质是师生运用英语进行观念、情感、信息的交流；或在语料熟练后，学生模拟语料，结合自己的认知结构进行思想、文化、信息的表达。另一种是师生间用英语进行实际的交流，即真实交际。这里所说的真实交际不是指用英语与操英语人士进行直接对话。我国英语运用环境缺乏，内地城市、广大农村和边远山区的初中英语学习更是如此。

学生在初级阶段培养能用英语进行思想交流的能力可能不太现实。正因如此，我国初中英语教学要达到着重培养学生综合运用语音、词汇、语法进行听、说、读、写，进行交际的能力的要求，就要坚持“尽量使用英语，适当利用母语”的原则进行教学。

因此，我们有必要揭示这样一个事实，课堂英语教学的真实交际是无时不有、无处不在的。就英语教学本身来看，师生同时作用于英语这个客体，对客体的认同是真实交际的体现。我们衡量交际是否真实的标准是师生交流中的所有语篇是否载有信息。据此，我们不能在明明知道学生的姓名和年龄的情况下而问及学生：“What's your name？” “How old are you？”就语义而言，Book 是用英语对这一物体的符号表达，如用“What's this？”进行提问性练习也是无信息的操练。如果我们在学习英语句子“What's the weather like today？”时结合运用“Can you guess what the weather is like tomorrow/the day after tomorrow？”交际双方就进行了具有信息意义的交流。所以，交际意义操作的教学应以交际载有语言、思想、文化等信息的观点进行，而以此观点细心处理语言现象，是培养学生目的语交际能力的有效途径。

教学过程中，教师的情感处理要依据语言材料的内容，应注意学生的学习反映和其他反映。教师的语言表达、非语言教学行为、声音的音质、音量的变化和面部呈现的情感起伏都是与学生情感的交流，是对学生情绪的影响。另外，当学生学习过程中出现注意力分散或疲劳时，教师应改变教学节奏，转换话题形成新的学习高潮。对于学生不好的学习习惯，教师可问及“What's the matter with you？ How are you feeling now？”等，这些都是交际过程中的真实体现，是真实交际的直接应用。

教学操练技巧直接反映教师语言运用的熟练程度和语用能力，间接反映教师对语言本质的认识深度和语言教学理论的实际水平。所以，英语教师应该在通过语言教学实践不断提高自身理论水平和操作能力的前提下，依据人的认知规律考虑学生的生活环境，按英语操练规程去组织学生进行语言操练，培养学生运用英语进行交际的能力。

第二节　音乐配合英语教学技巧

暗示教学法由保加利亚心理学家洛扎诺夫提出，建立在生成语法理论的基础上，强调意识与无意识学习的统一，其最典型的特征是在教学过程中伴有背景音乐。洛扎诺夫认为，有些教学方法之所以效率不高，是因为给学生设置了对学习的心理障碍，如担心学不好、担心学习能力受到限制、担心失败等。他提出，暗示指的是教师或教学环境以不明显方式向学生发出信息，使其产生无意识的反应，即用间接方式影响学习心理。他进一步解释：在有意识领域里，学生注意语言；而在无意识领域，音乐背景暗示了学习是容易和愉快的，从而使学生有意识或无意识地将其当作一个整体，使学习效果提高成为可能。所以，我们可借助暗示法的基本原理，以音乐为背景配合英语教学，减轻学生学习的心理压力，给予学生一种学习的安全感，调节课堂气氛，以提高教学成效。

一、音乐配合英语教学的运用

音乐配合英语教学的运用应遵循以下三条原则。

（1）音乐可能暗示的情境与语言教学材料内容的基本一致性。

（2）音乐暗示的思想内容应体现健康向上的精神。乐曲或明快活泼，或悠扬动听，配合语言情境，形成意境，触动情感。

（3）音乐的设置应恰到好处，运用的音乐应符合教学的需要，不宜滥用。一般以形成教学高潮、激发学生的学习动机为标准。

根据以上原则，建议音乐配合英语教学的具体操作运用于以下教学环节和教学内容。

（1）课前欣赏。课前播放音乐片段，可使学生减轻学习疲劳，减少学习心理压力，并能使学生思维集中，较快投入课堂学习。

（2）课间运用。在学生结对子小组活动和笔头练习中增设音乐为背景，可使学生大脑的左右半球共同协作，进行逻辑思维和形象思维，提高练习效果。

（3）配合检测。在对学生进行检测时，播放轻松优雅的音乐，既可减轻学生因担心检测结果正确与否产生的心理负担而放松投入，也可激发学生思维，产生联想，形成顿悟。

（4）课文教学中的运用。根据课文内容，选择适合课文内容的音乐片段，可增加教学的艺术效果，使语言材料提供的意境和音乐暗示的意境达成统一，对学生理解和消化语言材料起较大的促进作用。音乐配合课文教学的步骤是：第一遍，学生一边听，一边看着课文，注意语言结构；第二遍，学生合上课本，注意听课文内容。教师的任务是在音乐背景下朗读或背诵新课文，教师声音的控制应与音乐的旋律产生和谐感。

（5）听力训练中的运用。听力训练中音乐配合的功效与以上提及的作用一样，但应注意音乐形成的意境要与听力的内容相吻合。在听力材料的制作中可配以相适应的音乐片段，播放时，可引起学生极大兴趣。对比实验表明，单纯语言材料的听力测试和配有音乐的听力测试的理解正确率后者偏高，且差距较大。

二、音乐配合英语教学的意义

音乐配合英语教学的意义在于以下几个方面。

（1）现代脑科学证实，人类大脑左半球的功能主要是语言和言语、计算和科学研究，侧重抽象思维；右半球的功能主要是音乐、绘画、舞蹈等艺术活动，空间知觉，发现暗示，想象和情感，侧重形象思维。现代脑科学进一步证实：两侧大脑半球的功能分化不是绝对的，它们既有分工，又密切协作。在语言学习中，左半球起理解语义和话语连贯的作用，右半球对语调的运用、音质的辨别、声音的频率、话语的情感因素起监控作用，只有两者结合起来，人们才能听出声音的细微变化，说出准确动听的话语。音乐在英语教学中的运用，对人脑左右半球的共同协作起促进作用，从而提高英语学习的质量。

（2）音乐是人类情感的一种表达形式。自然界作用于人的心理活动，形成超越现实的意境，创造了环境与人心理的协调和共振。音乐对激发人的情感及人格的建立造成影响。音乐能提高学生的学习兴趣，激发学生的学习动机。用美的旋律、美的意境配合英语教学可以产生高尚的情操，形成积极向上的精神、好学的品质，促使人格得以升华。

音乐配合英语教学已被不少英语教师采用，收到了教学实效，但其效果还未被广大英语教师充分认识，未广泛运用于英语教学中。参训教师可根据本节提示，在以后的教学中予以运用，以增强教学的艺术效果，提高教学成效。

第三节　多媒体与英语教学

多媒体教学技术以强大的应用优势和迅猛发展的态势冲击着教育改革的进程，其在英语教学中的使用将大大促进英语教学的成效，引起越来越多的英语教师的关注。了解并掌握多媒体教学技术，再将其进行应用是未来师资必须具备的素质和英语教育发展的需要。

一、多媒体概念

多媒体技术融视、听、文字于一体，是20世纪90年代计算机技术的一个热点。多媒体系统的应用以其极强的渗透力迅速进入人类工作与生活的各个领域。用通俗语来概括，多媒体是相对单媒体而言的。从字面意义来看，它是通过多种信息媒体来传输、处理信息的技术。在现实中，一般信息以下列形式存在：数据、文字、有声语、音响、图形、动画、图像（静态的照片和动态的电影、电视、录像）等。这些形式可归结为三种最基本的媒体——声、图、文。多媒体是通过软硬件在计算机上对这三种最基本的要素进行综合处理的媒体，并由软件控制不同媒体，使人们从计算机上获得更多、更全面、更生动形象的信息。

多媒体技术已成为未来计算机的发展趋势。所以，多媒体技术在教学中的应用不仅仅决定各学科的教学成效和未来发展，更重要的是其充当着促进人类进步和科学发展的媒介。

二、多媒体英语教学

英语教学不仅是教师以学习策略建立学生所学语言的语音、词汇、语法知识系统，还是培养学生对该语言听、说、读、写的能力，发展学生的交际能力。现行人民教育出版社英语教材在设计和内容编排上强调培养学生运用语言的能力，在知识点安排上将功能意念和语法内容做了明、暗两条交融线的布局。一个优秀的多媒体英语辅助教学软件可在计算机上模拟英语环境，并附有生动的图像、解释，使学生在计算机上学习英语单词、语音、语法的同时，还能参与趣味性的情境训练。多媒体软件集图像、声音、文本于一身，融收录机、电视机、录像机的功能于一体，利用计算机的人机交互功能，通过生动、形象、活泼的形式，使学生身临其境地学习英语，达到快速反馈学生个体化、交互式学习的效果。

三、多媒体英语教学的特点

（1）使用灵活，硬件可多次升级。电子教学设备种类多，功能单一，操作繁杂，使用效率低。而多媒体计算机只需要用键盘或鼠标即可操作。当需要提高计算机性能时，一般只需要更换微处理器、主机板，增加内存即可实现硬件升级。

（2）资源具有共享性。在计算机内，几乎所有形式的信息（文字、符号、图形、绘图、声音、幻灯片、二维照片、三维实体图、活动景象如电影与录像等）都统一为二进制数据。多媒体计算机是真正唯一能够将所有这些表现素材集中进行处理和重放的理想设备。

（3）管理方便。多媒体计算机多采用光盘和硬盘做存储介质，小巧方便，容量大，读写速度快，查询检索管理功能强。

（4）耐用可靠，复制方便。当前，计算机技术已相当成熟，二进制数字产品读写失误极少，而且机械动作部件很少，较之录音、录像、幻灯、投影设备可靠性极佳，尤其复制效果好。在课堂学习中，如果学生未弄懂某项内容，教师可将自己设计的教程拷贝下来，供学生课后复习用。

（5）多媒体教学对师资综合素质提高起推动作用。进行多媒体教学，教师必须懂得计算机技术和操作，而最主要的是必须具备较高的教育、教学理论水平，熟悉语言规律和英语教学规律，具有依据信息论、控制论理论进行程序设计的能力。未来教学必定发展为由多媒体计算机控制，这必然促使英语教师迅速做出反应并且不懈努力。

四、多媒体英语教学的类项应用

多媒体可运用于英语教学中各种类型的教学。教师可按语言理论、语言学习理论、学生培养方向、学生现有水平、学生的学习需要等确立教学类项，进行软件设计和程序编制。以下列出一些类项应用，予以说明。

（一）发音程序设计

用存储设备收录初中英语全部词汇，以教学大纲要求确立词汇义项，就义项增加反映学生实际生活的例句，并就单词、短语、例句辅以发声，学生可按标准音跟读。跟读后，计算机播放学生录音，并给出评判和改进意见，及时做出反馈，促使学生的言语行为从流畅过渡到准确。

（二）进行听力训练

设计者在程序编制中应考虑其在交互式语言环境中的运用情况，以培养学生的听说能力，如根据单词、短语、句子、语音判断其内容，设计填空、选择、连线、游戏等多种练习形式。题目应由浅入深、由易到难，结合生活，注入趣味，也可配以画面和音乐，让学生身临其境地学习语音、语调，进行听写、会话练习。

（三）语言教材学习

将教材配以图片逐册逐课建立数据库，学生在菜单（menu）指导下，能够迅速提取所需材料，进行听、朗读、查询和对话练习。

（四）交际能力训练

按各单元话题词（如 Shopping、Visiting、Telephoning、Asking the way 等），

编制模拟交际情境程序并输入软件，供学生课外提取，让学生进行替换练习、角色扮演、模拟对话等多项训练，发展学生的交际能力。

（五）确立单元重点

对各单元涉及的英语表达法，各言语功能意念、语音、语法等知识点予以总结，同时附以解释性练习和语境、情境设置，编列程序，输入软件，供教师和学生课外查询使用。

（六）学习档案储存

将全体学生的学习情况和学生个体的学习特征按类别编成程序，按语音、语法、词汇量的掌握情况分类，按听、说、读、写能力趋向分类，按语用、语言交际能力分类，按学生学习心理迹象（思维型、表现型）分类，按学生学习效果分类，建立网络。这种设计的目的，一是提醒学生在学习中掌握方向和注意能力反应的偏差；二是便于教师掌握学生的学习情况，进行教学研究，改进教学方法，发展教学技能。

五、基于多媒体英语教学的一些方法

（一）基于多媒体课件的拓展阅读教学策略

阅读能力的获得和发展是以大量阅读为基础的。因此，要培养学生的阅读能力，必须为他们提供不同题材和体裁的、多样化的阅读材料。多媒体网络给学生提供了比课本更生动、更真实、更丰富的资源，能够更好地适应学生的个体差异，更容易激发学生的学习兴趣和在学习过程中的主动性与积极性，触发学生的想象力，培养学生观察事物的能力和思维表达能力。

由于大学阶段的英语教学都是单元主题式的教学，为学生提供的阅读材料应该尽可能与单元主题相关。虽然网络上有着丰富的资源，但这些资源并不完全适合大学生的阅读水平和阅读兴趣，需要教师根据学生已有的英语水平进行一定的选择和加工，这样才有助于学生的学习。因此，教师可以根据单元主题的内容，从网上搜索下载和教学主题相关的、难度水平不同的、图文并茂的阅读材料，以网页形式加以组织。在教材学习的基础上，教师应为学生提供大量拓展阅读的材料，扩大学生信息的输入量，提高他们的阅读能力。阅读材料的选择应该考虑阅读材料和课文主题的相关性、趣味性和可读性等几个因素。

在利用多媒体课件进行阅读教学时，为了促使学生对阅读材料进行深加工，教师可以在学生阅读前提出若干个针对阅读材料的问题或任务，将学生分成几个小组，共同协作完成阅读任务。需要注意的是，在阅读教学中，为学生提供一定的工具支持很重要，如对某些难词加注释或说明以及为学生提供类似金山词霸等电子工具的支持，可以帮助学生消除阅读中的生词障碍，使阅读顺利进行。

（二）基于网络论坛的写作教学策略

网络论坛是一种非常普及的网络交流工具，具有开放性、交互性等特点，可以有效增强教师和学生、学生和学生的多向交流。教师在教学中可以有效地利用这一工具，激发学生英语写作的兴趣，丰富英语写作教学的策略。

利用网络论坛辅助大学英语教学的形式有多种，常用的形式有三种。第一，教师在校园网上开设英语网络论坛公告栏，在网络论坛上提出写作任务，如看图写话、改写课文或续写课文等，学生可以直接在上面发表观点，表达思想，也可以对他人观点进行评述，这种形式在高校英语教学中比较合适。第二，将说写相结合，具体方法是，教师首先为学生提供主题图片或学生上网查阅自己喜欢的主题图片或动画，将图片或动画下载下来；其次用口头语言看图进行描述，为图片或动画配以文字描述，阐述自己的观点、喜好等；最后将自己的作品发表在网络论坛上，供大家交流学习。第三，专题讨论，教师可以在网络论坛上提出一个讨论的问题或专题，如教师可以提出这样一个开放性的问题：Susan looks too fat， which makes her afraid of being laughed by her classmates. She seldom talks to others at school and sometimes she doesn't want to study at all. If you were her best friends， what would you do to help her？让学生分小组讨论，并将自己小组的观点和意见发表在网络论坛上，学生也可以在家里登录学校的网络论坛，将自己的观点发表在网络论坛上。这种方法可以有效减轻有些学生面对面交流的焦虑感，使每个学生都有参与发言的机会。

（三）创建英语学习专题网站策略

对于高校学生，设计和制作英语主题网页是一种不仅可以锻炼学生的英语读写能力，而且能提高学生综合素质的、有效的整合教学策略。教师可以在学完某一主题内容，如学习了 forest 这个主题后，为学生设计“森林教室、森林练习、森林公园、动物世界、森林卡通、森林探究”等若干板块和任务，将学生分成小组，每小组协作完成一个板块，要求学生将任务结果或电子作品以网页的形式组织起来，建立专题学习网站。为了完成任务，学生需要上网搜集、阅读大量有关森林的英语材料，并对这些材料进行一定的筛选、加工和编辑，对有些材料需要用英语加以一定的注释和说明，最后通过美化设计，制作成精美的网页。不同小组将自己的作品整合在一起，就形成了一个有关森林的、内容丰富的英文专题网站。在制作和完成网站的过程中，学生的英语读写能力、协作学习能力以及信息技术技能都得到了有效的锻炼和提高。

第四节　微格教学与教师培训

微格教学是一种新型的培训师范生和教师进修课堂教学技能的教学方法。微格教学又译为“微型教学”“小型教学”或“录像反馈教学”，产生于 20 世纪 60 年代，由美国斯坦福大学的布什和阿伦所创立，随后，外国的一些高等院校也相继开展了对微格教学的研究并在培训师资中应用。微格教学作为一种简化的教学模式，在师范生及在职教师课堂教学技能的训练中收到了良好的效果，对教师的师范素质及课堂教学能力的培养、提高产生了良好的作用。

微格教学理论提出，对教学行为要有分析和反馈，以便增强培训效果；对教学技能要有系统和科学的分类，以便明确培训目的和进行评价；通过对各种技能的训练，将其综合成各种风格的教学模式。在发展过程中，微格教学吸收了许多新的教育思想和方法，使自身不断系统化并日臻完善。如布卢姆的“教学目标分类”“掌握学习”、加涅的“学习条件”等都为微格教学目标的制定、教学方法的设计提供了理论基础和依据。弗朗德的“师生相互作用分析”为分析教师教学行为和学生学习行为提供了划分范畴与分析方法。录像机、电脑等现代教育媒体的应用为教学行为的记录和分析创造了较为理想的条件。

微格教学法是一种使被培训者认识课堂教学过程的方法，它开始于对教学过程的感性认知（示范），经过理性认识（技能应用的原则、范围、功能），再综合应用到实践（教学）中。从整体上看，这种方法符合人类认识事物的规律。根据认识理论的规律，微格教学家又把微格教学大致分为观察和训练、反馈和评估。

微格教学培训为培训者提供各种风格的教学示范，辅以对各种教学技能的说明，使他们能获得直观的感受，有了模仿的样板。示范是对重要事实、观念、过程的一种形象化解释，是通过实际操作、录像、幻灯、投影、电影等进行演示，说明某教学步骤是怎样进行的，以便让被培训者学会应该怎样去做。许多实验表明，视听觉并用的方法能使信息接收者获得最大信息量，比只用语言描述的方法有效得多。

通过反馈能使被培训者尽快达到培训目的。反馈是当代控制论中的一个重要概念。在当代，“控制论深入我们物质生活和精神生活里，就其革命影响而言，控制论可以同哥白尼、达尔文与马克思的发现相媲美”。因此，“信息的及时反馈”被作为一条重要的教学原则。微格教学采用现代视听设备，为培训者提供有关自己教学行为的及时反馈，使他们能及时地进行强化和调整。

在评价被培训者教学行为方面，微格教学法遵循了现代心理与教育测量的评价理论。微格教学根据有关学习和教学行为按目标分类制定标准，明确某一教学技能的功能、目的和定义。被培训者选择技能进行训练，然后对形成技能的一系列行为进行评价。评价的目的不是给被培训者的教学行为打分，而是向被培训者指出哪些地方还需要改进。这种评价和反馈能够明确被培训者的改进方向，可执行性很强。

微格教学法的最大特点是将综合的技能加以分解。教师的课堂教学是对各种教学技能的综合运用，而微格教学则是将综合的技能根据培训需要分解为若干单项技能。对综合技能加以分解，并按班级大小、课程长度和教学复杂程度加以缩减，能避免信息量超负荷的情况，从而使教学技能成为可以模仿的、可以培训的、易于掌握的行为。这是一种先分解、后综合，从而达到有效地全面培训教学技能的教学方法。由于微格教学法运用了现代化的音像等设备，能及时感知反馈信息和进行评估，以调整和改进教学技能和方法。

从培训的实际操作来看，微格教学法的程序大致可依下列四个步骤进行：学习微格理论，观摩微格录像；编制微格教案，确定培训技能，实施技能的微格分解；微格教学实践（录像）；评估反馈、修改教案及技能的改讲与调整。

根据培训需要和教师课堂教学技能的设计原则，微格课堂教学技能大致可以分解为导入、启动并演示（展示及例证），说明，启发学生参与讨论、分析问题，组织、调控学生课堂活动，提问及解答，使用电教多媒体，教学语言，板书、板画与黑板设计等基本技能。

微格教学法的进行一般需要组成微型课堂（微格课堂）。微格课堂由扮演教师的角色（培训教师）、扮演学生的角色（由被培训者的同学、同事或真实的学生担当）、教学评估人员（被培训者的同学、同事或指导教师担任）、录像设备操作人员组成。在微格课堂上，一般上一节课的一部分，或训练一两种技能，所用的时间一般为 5¯15 分钟。

微格教学是一种行之有效的师资培训形式，是投资少、见效快的培训手段，是继续教育中师资培训工作的重要环节，应引起足够的重视和采取具体可行的措施。各培训点应根据本地区英语教育、教学发展方向，师资现状，接受培训的教师的实际情况，培训中的既有条件，以及英语教育、教学的理论、原则和操作要求等，扎扎实实地进行此项工作，确保整个培训工作落到实处，保证培训质量。参训教师的微格教学应在接受本次培训的理论学习后立即进行。建议工作程序如下。

（1）组织参训教师复习英语教育、教学的有关理论，理解微格教学的理论和意义。

（2）观看国内外优秀英语教学录像（经剪辑），对教学录像予以评价并提示参照点。

（3）根据培训点的实际情况，制订工作计划，提出训练构想和突击项目。

（4）根据培训计划和应解决的问题，有目的地选择参训教师中操作优秀者，指定教学内容，并予以指导，进行示范性教学，课后当即进行分析评价。

（5）确定培训技能项目，提出操作要求，组织全体学员按序进行示范、录音、录像或笔头记录，并逐一进行简要评价。

（6）对薄弱者的薄弱环节进行专项个别辅导，要求再行准备，再上课演示，直到见明显实效为止。

（7）对微格教学培训的各项情况进行分析，写出专项总结，并肯定全体学员取得的进展和提出存在的问题，提出进一步发展的具体要求。

（8）呈交总结材料，供培训组织部门参考。

第十章 多元文化与英语教学组织艺术

第一节 英语教学的导入艺术

一、英语教学导入的意义和作用

导入是教师在一个新的教学内容和活动开始时，组织学生进行课前的心理准备和知识准备，引导学生进入学习的行为方式。它是整个教学活动中的热身活动，目的是让学生在最短时间内进入课堂学习的最佳状态。用正确而巧妙的方法进行导入，可以使学生在心理和知识上做好学习的准备，创造良好的英语氛围，安定学生情绪，引导学生进入良好的学习状态，激发学生的学习兴趣和求知欲望，从而把他们的注意力引导到指定的教学任务和程序中，自然地过渡到新内容的教学。

导入的作用主要表现在以下几个方面。

（一）集中学生的注意力

中小学生活泼好动，在课前常有各种各样的活动，注意力也是分散的。上课后，他们很难一下子安静下来。虽然有组织教学环节的调整，但是他们的注意力不能完全集中到新课上来，不能很快地进入学习状态。如果教师直接开始平铺直叙地讲课，那么在开始阶段将很难收到应有的效果，同时会影响后面的教学。这时，如果教师能运用巧妙的方法导入新课，就会营造出一种新的气氛。这种气氛将使学生的注意力很快集中起来，并迅速进入新课的情境或意境中。

（二）营造良好的学习气氛

在英语课上，良好的课堂气氛很有必要。各种形式的课堂导入相当于一种“热身练习”，有助于营造一种既轻松又热烈的课堂气氛。在这样的课堂气氛中，师生之间是和谐的，教学效率是很高的。

（三）引发学习兴趣

兴趣是学习最好的教师，是学习动机中最现实、最活跃的成分。如果教师采取得力的课堂导入方式，在课堂的一开始就会引发学生的学习兴趣，唤起他们的学习积极性。在这种精神状态下，学生能够全神贯注，思维活跃，就会有较高的学习效率。

（四）激发认知需求

在课堂导入时，教师用种种方式将学生置于新的环境中，无论是新语言知识的呈现，还是某项言语技能的介绍，抑或是某种运用能力的期待，都会激起学生在原有认知结构基础上的新的认知需求。在导入时，教师要善于建立新的教学内容与学生原有认知结构之间的联系，使学生明确新教学内容对自己的认知需求到底是什么。在导入时，教师一般应创设造成原有认知结构与新的教学内容对峙的情境，并使这种对峙激化，使学生进一步意识到自己认知上的差距。

（五）明确学习目标

在一开始的导入阶段就指出本堂课的要点和重点，有助于学生明确教学活动的目标和任务，使教学有的放矢。

（六）有利于以旧引新

在课堂导入阶段，教师常引导学生复习旧知识，然后引出新知识。旧知识是学习新知识的铺垫。

二、英语教学导入的原则和要求

（1）用英语的声、像、图片和文字形式创设英语氛围。

（2）方式方法力求新奇、多变、引人入胜，避免刻板、单调。

（3）要迅速抑制与英语教学无关或有害的其他活动。

（4）尽量不使用母语。

（5）复习内容和形式要针对性强，照顾大多数。

（6）重在激发学生的求知欲，不要过多纠错。

（7）交际性强。

（8）时间适量。

（9）根据新的语言材料确定导入的内容和形式，使之能自然过渡到呈现阶段。

三、英语教学导入的艺术

现以第三届全国初中英语优质课竞赛和第二届高中英语优质课竞赛为例，分析课堂导入的艺术特点。

（一）制造悬念，激发学生的好奇心

激发学生的好奇心是让学生全神贯注地进入课堂学习最有效的方式之一。例如，一位教师在教学对话课“See A Doctor”里 special 的课时做的开场白是：“Today is a special day for you.”面对学生好奇的目光，教师接着问：“Why？”课堂一下子活跃起来，学生各抒己见。有的学生说：“There are so many teachers here.”教师接着问学生：“It's special for me，why？”学生会意地回答：“Because of the competition.”在充分激发学生的好奇心后，该教师自然地由 special 一词开始了新课教学。

（二）利用学生熟知的事物激发兴趣

从学生关注的话题和学生的生活经验出发，也是激发学生兴趣的好方法。例如，一位教师在教关于中国少年足球队赴巴西学习和生活的文章时，

从了解学生的喜好入手，用问句："Do you like sports？ What sports do you like？"引出课程主题。课堂中大多数学生对此表现出强烈的兴趣，而随后教师展示的一张图片则把所有学生的注意力都吸引住了，该教师便由此组织学生展开了对足球及中国少年足球队赴巴西学习等问题的讨论。这种新颖的课堂设计、简洁有趣的导入，为整个教学环节的展开做了良好的铺垫。

（三）借助多媒体的全方位展示导入新课

目前，很多教师都采用多媒体课件辅助教学。例如，一位教师在教学"the Russian Space Station"时，通过多媒体课件演示了宇宙空间站的发射场景，无须太多的语言就把学生带到了充满神秘色彩的太空中，使他们身临其境，为进一步学习课文打下了良好的基础。

第二节　英语教学的呈现艺术

一、英语教学呈现的意义

呈现是教师运用多种手段，如讲解、简笔画、挂图、手势、实物、对话表演、录音机、录像机等创造情境与环境，介绍新的目的语言材料（综合语音、语调、意义、书面形式及功能），指导学生理解和掌握知识，传递教学信息的行为方式。在呈现演示过程中，教师既是讲解员，又是示范表演者。清楚生动的呈现有利于学生准确、快速地获取新的语言材料和知识。

二、英语教学呈现的原则

（1）呈现的方式方法要根据教学内容、对象来定。

（2）语言要简洁易懂，一般不用学生未学过的词汇。

（3）要富有直观性、趣味性和启发性。

（4）尽量使用英语，必要时使用母语。

（5）把利用环境和创设情境统一起来。

三、英语教学呈现的艺术

新授课的呈现必须突出重点、难点，以帮助学生理解。课文是语音、词汇和语法的综合语言材料，我们不能孤立地学习语言知识，而是应实施整体教学。但在整体呈现课文时，要有所侧重，注意处理好本课的重点、难点，便于学生理解课文，避免因插入语法、词汇的讲解和练习而影响内容的连贯性。呈现的艺术多种多样，目前常见的有以下几种。

（1）通过录像、电脑呈现课文。具体、直观、活动的事物容易引起学生的兴趣，而根据语言材料制成的录像能激发学生的学习兴趣，使材料由抽象转化为具体、形象，降低学习难度。

（2）通过录音与图片的结合呈现课文。教师可以一边放录音，一边展示与录音有关的图片，然后提问学生。从视听角度入手，让学生的感官更多地参与到学习中去，使之对语言材料有一个初步的感性认识。另外，也可以只听录音，不看图。

（3）通过教师讲解图片的内容呈现课文。教师把课文内容概括成一组情境图片，逐一讲解，使之组成一个完整的故事。通过视觉效果加深学生对语言材料的理解，帮助学生在语言与表达对象之间建立直接的联系。

（4）通过游戏的方式呈现课文。设计一些既有趣又包含课文内容的游戏，调动学生的学习积极性。这样，学生在轻松愉快的氛围中就能感知要学的语言知识。

（5）改写对话呈现课文。把课文对话改编成寓言、童话或故事，由教师或成绩较好的学生进行讲述。通过讲述者的语言、表情、动作等，以直观和生动形象的方式把语言材料呈现出来。

（6）通过简笔画呈现课文。教师一边讲述语言材料，一边画简笔画，学生可以较为容易地通过画面理解语言材料。

（7）通过表演呈现课文。由教师或学生用木偶做道具，就课文内容进行表演，现场的情境可以使语言材料变得更生动、更真实，也能促进学生的参与。

（8）教师与学生对话呈现课文。教师事先根据语言材料设计好对话内容，对话时要注意充分运用学生的口语知识，使用实物或直观教具，而且要注意对话参与面，让各层次的学生都有机会参与。

（9）通过图表呈现。对于有比较多的人物、事件或两类事物对比性较强的课文，可以通过图表呈现，教师在讲的时候把有关项目简洁地填到图表中。看到图表，学生可以一目了然，清楚地知道本节课要学的课文内容。

（10）根据课文重点、难点组织课文。当材料比较复杂时，可以根据课文的重点、难点组成若干个情境，在情境中与学生进行交流，由浅入深，逐层递进。

（11）通过串讲的方式呈现课文。教师可以用叙述的方式把课文介绍给学生。在讲述过程中，可顺带解释一些难点，便于学生更好地理解课文。

（12）通过阅读呈现课文。让学生阅读课文，了解课文大意，然后教师对课文难点做讲解（如课文较长，可分段进行），最后整体呈现课文。

第三节　英语教学的复习、巩固艺术

一、英语教学复习的意义和原则

复习是教师在单元结束、期中、期末、毕业或升学前集中一段时间，帮助学生重温所学内容，旨在通过引导学生对所学知识进行回顾、联想、归纳、概括等活动，以达到加深印象、巩固知识、发展技能的目的。复习是根据教学规律、认知规律的要求设置的一种重要的教学课型。它不是简单“炒冷饭”，而是要引导学生站在更高的认知点上，回顾前段学习内容和过程，以看清全貌，弥补疏漏和不足；它不是停留在表面，单调乏味地把所学内容再过一遍，而是帮助学生对所学知识加以整理、归纳和概括，加深学生对知识整体性、系统性的认识，提高语言知识和语言技能实际运用能力。

复习教学一般应遵循以下原则。

（1）计划性。把握全局，将复习内容、形式、进度和要求落实到每节复习课，突出重点和难点，措施要切合实际，行之有效。

（2）针对性。复习内容要根据教学大纲和教材的要求，针对学生掌握知识和技能的实际状况，面向大多数学生。

（3）系统性。把所学知识系统地归类，使学生掌握知识系统的内在联系，形成系统的知识结构和思维框架。

（4）综合性。主要体现在内容的综合性和形式的综合性两个方面，即复习课要以课文为中心，把语音、词汇、句型、语法和阅读理解有机地结合起来，组织学生开展多种形式的综合训练。

（5）兴趣性。将系统的、综合的知识内容题型化，激发学生复习的动机；听、说、读、写活动交替进行，克服“炒冷饭”式的重复讲解和题海战术，使不同水平的学生都有成就感。

（6）讲练结合，精讲多练。讲——多项知识讲联系，易混知识讲对比，规则以外讲特殊，难点突破讲关键，启发思路讲规律。练——不要盲目搬别人的训练题，搞题海战术，使自己和学生疲于奔命、劳而无功。

（7）巩固性和发展性。讲练活动要举一反三，以巩固求发展，重在发展实际运用语言的能力和培养自学的能力。

二、英语教学复习的艺术

（1）以课文为中心，以听、说、读、写为手段，落实语音、词汇、语法知识和语言基本技能。主要活动方法包括以下几个。

①听写单词、短语、句子。

②根据课文回答问题，复述课文大意。

③变换句型，仿照句型造句。

④针对语言点的补偿练习。

（2）根据知识系统，引导学生回忆、分析、对比、归纳、概括语言基础知识，用分类记忆的方法掌握知识结构和知识之间的内在联系。如词汇的读音和拼写，让学生把已学过的含有 ea 字母的常见单词集中起来，根据读音分类。

/iː/ beat、beam、beach、deal、eat、 each、easy、east、heat、lead、

leaf、lean、leap、meal、meat、mean、neat、read、reason、sea、season、seat、steal、stream、teach、teacher、team

/e/ dead、death、deaf、heavy、head、instead、spread、thread、ready、steady

/ei/ break、great

/iə/ real、really、theatre...

这样，学生自己查找、分类，取得的效果比盲目地做许多道题要好。在词汇的意义和用法上也要让学生根据教师提供的线索去分析、对比，厘清思路。如让学生把前后所学的表示“穿、戴”的词和例句集中起来：“put on”“wear”“have…on”“to be in”“to be dressed in…”“dress sb…”等。在相同的、类似的知识上找特殊。在诸多看起来没有相似之处的知识中间寻找共同点。

to be worth doing sth...

can't help doing sth...

to be busy doing sth...

（3）集中时间，突破难点，让学生回忆概念、规则，教师集中讲解，选择有代表性的练习题进行巩固训练，讲深、练透。如谓语动词的时态变化和用法、动词不定式的用法、直接引语变成间接引语、宾语从句、状语从句、定语从句等。

三、强化巩固的意义和要求

强化巩固是教师根据本课的教学目的、要求以及学生所学知识和技能的理解程度，进行适当的归纳、讲解和训练，使学生加强记忆、克服遗忘、加深理解，增强正迁移运用的讲、练活动，是课堂教学必不可少的一环。

强化巩固训练能及时弥补教学上的薄弱环节，纠正倾向问题，加深对重点、难点的掌握和理解；引导学生将所学知识系统化、条理化，将感性认识上升到理性认识，促进知识向能力转化。

强化巩固要求做到以下几点。

（1）要针对学生在知识和技能方面的缺陷重点讲、练。

（2）紧扣本课、本单元与已学过的语言项目之间的内在联系进行强化巩固。

（3）要紧紧围绕重点和难点。

（4）启发学生观察、分析、比较和质疑，并归纳和总结出语言规则。

（5）引导学生运用规则，适度演绎引申出相关内容，培养和发展他们的自学能力。

（6）形式生动活泼，方法多样。切忌教学过程的简单重复和教师唱独角戏。

四、强化巩固的艺术

（1）指导学生通过听、说、读、写完成每课后面的习题（或 workbook）、补充习题进行强化和巩固，及时纠正错误，并指出产生错误的原因。

（2）有目的地列举学过的语言材料，引导学生在观察、分析、比较和质疑的基础上，总结出语言规则。基本方法如下。

①教师让学生自己读几分钟。

②教师问学生是否有问题。

③如果学生提不出问题，教师就要提几个问题让学生回答。

④针对学生遇到的问题，教师要进行讲解，或者让学生进行分析、归纳和总结。

⑤再针对“复习要点”进行一次简短的测试。

引导学生运用规则进行演绎，认知新内容，进行知识的正迁移运用。如：“JEFCBook 1 Lesson 16”，学生学过 name、game、grade、Kate、Ann、map、bag、thank 几个单词并掌握读音规则后，让学生读出 make、cake、date、dad、cat、cap 等几个生词。这样，知识在发展中得到了巩固，在巩固中求得了发展。

第四节 英语教学的结课艺术

一、英语教学结课的重要性

任何事物的发展过程总是有头有尾的，要完成一件事，既要“善始”，也要“善终”。完美的结束不仅可以保证课堂教学结构的完整性，也能使人回味无穷，达到“剧终情不终”的艺术效果。

结课，顾名思义，为“课的结尾”。课堂教学的结尾和导入一样重要，因为结尾往往标志着一个新的开始。优秀的教学结尾是巩固课堂教学的重要环节，是衔接新旧知识、贯通前后内容的纽带，是从课内到课外、由知识向能力过渡的桥梁，是启迪思考和开发智力的通道，是一种艺术与创造。

二、英语教学结课的功能与要求

结课的功能主要包括以下几个方面。

（1）综合、概括。综合、概括就是把所授知识经过整理归纳、提炼概括形成新概念。这样有利于学生理解、沟通，达到举一反三的目的，实现知识迁移。

（2）条理、系统。英语教学不像数理化学科教学内容那样集中，而是需要教学后的及时整理。一节英语课，不仅要学单词、对话或是文章及其蕴含的文化知识，还要涉及各种语法点与功能项目。一节课下来，学生的理解存在于感性认识的过程中，需要通过小结，使学生头脑中形成系统的认识。“记事者必提其要，纂言者以钩其玄。”按其知识的内在规律，有机组合排列，形成明晰的条理，也便于学生记忆。

（3）巩固、强化。英语教学讲求效率，而“及时回忆”是提高教学效率的重要措施。依据教育心理学研究，课堂及时回忆要比 6 小时以后回忆的效率高出 4 倍。知识的再次重复、深化能加深记忆。

（4）激趣、开智。课堂小结的重要思维形式是归纳概括，富有激情的课堂教学小结有利于学生抽象思维能力的培养与提高。

课堂教学小结同其他教学环节一样，需要教学的艺术与科学。课堂教学小结不是教学过程的简单重复，而是从教学目的出发，对教学重点和难点及时整理回忆。在小结活动中，起主导作用的仍然是教师。教师可以面向全体学生做教学小结，也可以让学生通过整理听课笔记进行总结，还可以师生共同总结，而小结的最终目的是培养学生概括教学要点，抓住教学本质内容的能力，即学生对学习内容的总结概括能力。

具体要求包括以下几点。

（1）板书应结构合理、条理清楚、字迹工整、内容精当。也只有这样的板书，才能让师生在做总结时容易把握教学的重点、难点或使知识系统化。

（2）言简意赅。课堂教学小结不是对教学内容的重新讲述，而是用概括性的语言小结教学内容，防止语言的零碎与不系统。

（3）方法要灵活多变。初、高中英语教学听、说、读、写内容较多，应具体内容具体分析，采取相应的方法。根据教学过程中的实际情况，确定小结的内容和方法，防止因枯燥、呆板使学生失去参加教学小结的兴趣。

（4）结课要严格掌握时间，按时下课。因为结课安排在一堂课的最后，如不考虑时间，就会拖堂下课。学生对教师拖堂是十分反感的，下课铃响了，教师再讲也是无益的，学生的心思已经不在课堂上了。所以，结课必须有时间观念，否则再好的结课也是无用的。

三、英语教学结课的艺术

（一）悬念法

悬念的作用就是引起学生的求知欲望。在英语课的结尾合理地设置悬念，能引导学生对本课知识做适当的延伸和扩展，为学习后面的内容做铺垫。

（二）归纳法

最好将较好的归纳小结安排为巩固练习的内容，采用谈话、问答、画表等方式，帮助学生通过自己的练习活动进行归纳小结。

说明文和议论文常采用归纳法。在学生阅读能力提高的基础上，要求学生找主题句，归纳段落大意，选标题或列标题，这样有助于学生对文章整体和深层含义的理解。

（三）讨论法

课堂教学小结是课堂的尾声。研究表明：下课之前的7¯10分钟，学生的注意力逐渐分散。开展适当的活动调节大脑，既可以消除疲劳，又可以强化知识的理解和技能的巩固。

（四）画龙点睛法

这种结尾在初中多为提出体现本节课语言点的一句话或几句话，在高中则多为提示课文的主要内容。

（五）活动结尾法

课末做个书面练习、唱支歌、做个小表演、朗诵本节课学的名言警句都可能成为好的结尾。